3人の地図

稲垣吾郎×草彅剛×香取慎吾

永尾愛幸

太陽出版

序章

２０１６年12月31日――グループ結成以来、約28年間の活動に終止符を打ったＳＭＡＰ。

ラストイヤーはＣＤデビュー25周年のＡｎｎｉｖｅｒｓａｒｙ Ｙｅａｒにもあたり、ファンは一縷の望みに賭けて〝解散撤回〟の署名運動を行ったが、奇跡を起こすことは叶わなかった。

グループが解散し、ジャニーズ事務所との契約更新が行われる9月までの間、針の筵に座らされることになったメンバーを見守り続けることは、ファンの皆さんにとっても、何よりも辛い日々だったに違いない。

そんなメンバーのうちの3人、稲垣吾郎、草彅剛、香取慎吾は、契約最終日の9月8日をもってジャニーズ事務所を退所。ますます不安になる先行きに手を差し伸べたのは、やはり〝あの人〟だった。

「芸能マスコミは〝最初からデキレース〟などと騒ぎ立てましたが、ファンにとっては歓迎すべき

〝最高の決着〟でした。そもそも特定のマネージャーもついていなかったＳＭＡＰを、音楽史上、テレビ史上に残る日本一のグループに育てたのは、ひとえに飯島（三智）女史の努力と才覚の賜物。彼女以外がマネージャーを担当していたら、次から次に出て来る後輩に追い越されていたかもしれない。少し言葉が過ぎるかもしれませんが、もしジャニーさんが一から十までプロデュースしていたとしても……です。その彼女とタッグを組むことは、〝最高〟以外の何物でもありません」（某ベテラン放送作家）

ジャニーズ事務所を退所した３人が彼女のもとに〝集う〟と正式に発表された際、ファンは一斉に歓喜の声を上げる。

だが反面、ジャニーズを辞めた者に対する〝報復〟の心配も、決して尽きることはなかった。

「ジャニーズ事務所を独立し、曲がりなりにもタレントや役者として〝成功した〟と言えるのは、大手プロダクションに移籍して庇護を受けた郷ひろみ。その郷の所属プロダクションの系列に移籍した本木雅弘。ＴＢＳ朝のワイドショー『はなまるマーケット』ＭＣを務めていた頃の薬丸裕英ぐらいのもの。薬丸は〝はなまる御殿〟と呼ばれる豪邸を残しましたが、ジャニーズのキャスター戦略の煽りを受けて番組が終了。本木は岡田准一らの映画進出で弾き飛ばされ、今はロンドンに移住して年に1~2度しか日本に戻らないセミリタイア状態。ジャニーズから独立して順調なリスタートを切ったとしても、結局いつかは仕事を奪われてしまうのです」(前同)

あの、ジャニーズ史上〝最もモテたアイドル〟と言われる諸星和巳でさえ、いつまで経っても色物扱いされたままなのが、ジャニーズの恐ろしさを物語っている。

稲垣、草彅、香取の3人が飯島女史と再合流しても、果たして女史はどのような戦略で3人をプロデュースしていくのか? ——明確なプランを示したわけではない。すべてがベールに包まれた中での出航は、「海図やコンパスを持たずに進んでも、荒波を乗り越えることは出来ない」——という不安を、少なからずファンに与えたのも事実だろう。

「それはギョーカイ、中でもTV界の見方も同じで、それぞれ1本ずつのテレビレギュラーを続けてはいけても、多くのTVマンたちは〝その番組が終われば芸能界から消えても仕方がない〟……と、まるで落ちて消える前の線香花火のように3人を見ていました。しかし2ヶ月もしないうちに、あらゆる状況がひっくり返るだなんて、誰が想像出来たと思いますか⁉︎」(前同)

AbemaTV『72時間ホンネテレビ』をきっかけに、まさかここまで潮目が変わるとは……。

この状況に驚かなかったギョーカイ人は、私の知る限りでは唯の一人もいなかった。

本書はわかりやすく言うと、稲垣吾郎と草彅剛、そして香取慎吾の3人について、過去から現在、未来へと続く、それぞれの道にスポットライトを当てる作品だ。

ＳＭＡＰが解散してからの9ヶ月間、〝新しい地図〟を記すために動き出した2017年の後半、そしてその先に待っている彼らの未来予想図と戦略を、3人を取り巻くテレビ関係者、番組関係者から密に取材した内容で制作されている。

「在京テレビ局がジャニーズ事務所に対する忖度を図り続ける限り、そう簡単に彼らに光が当たることはありません。じゃあ、どうすれば3人を元のステージに引き上げることが出来るのか？――飯島女史がジャニーズ事務所を一足先に飛び出してから下準備して来たことを知れば、きっとファンの皆さんも納得するし、安心もすると思いますよ」（前同）

本書をご覧頂ければ、3人の未来がいかに明るいかをご理解頂けると思う。

そして同時に、より一層の〝期待〟を抱くことにもなるだろう。

稲垣吾郎、草彅剛、香取慎吾――稀有な才能を持つ3人。

その輝きはこれから先も、私たちを照らし続けてくれるに違いないのだから――。

目次

序章……2

第1章 新しい地図……11

新しい居場所〝CULEN〟 12
インターネットへの進出 17
『72時間ホンネテレビ』 21
変わり始めた〝潮目〟 27
『クソ野郎と美しき世界』 32
中居正広の苦悩と決断 36
木村拓哉が送ったメッセージ 39

第2章　始動―リスタート―……43
稲垣、草彅、香取、そして森――4人が歩む道　44
3人が切り開く〝新しい時代〟　48
稲垣・香取、CM出演の衝撃　52
SMAP最後の日に起きた〝ある出来事〟　56
パラスポーツサポーター就任で描く〝新しい地図〟　61
3人が描く〝これからの活動〟　68

第3章　稲垣吾郎の描く地図……73
稲垣吾郎の〝変化〟　74
訪れた〝転機〟　78
〝新しい稲垣吾郎〟へのチャレンジ　82
稲垣が打ち出した〝自らの方針〟　86

稲垣が予言した〝ムーブメント〟 90
稲垣吾郎の意外な〝素顔〟 94
◈稲垣吾郎の言葉 99

第4章 草彅剛の描く地図 …… 111

草彅剛の〝悩み〟 112
ユーチューバー草彅 116
草彅剛を〝作った〟街 120
〝仲間で生きる〟ことの価値と意味 124
3人が目指す〝今後の活動〟 129
〝草彅無双〟に降臨する音楽の神様 133
◈草彅剛の言葉 137

第5章 香取慎吾の描く地図……149
香取と中居の間に出来た〝溝〟 150
様々な噂に対する香取の〝ホンネ〟 154
『SmaSTATION!!』最終回に込めた香取の想い 158
『仮装大賞』降板騒動 162
〝いつかはする〟結婚願望 165
香取慎吾の優しさの源流 169
◈香取慎吾の言葉 173

エピローグ……186

3人の地図

第1章

新しい地図

新しい居場所〝CULEN〟

2017年6月18日、ジャニーズ事務所はジャニー喜多川社長のコメントと共に、稲垣吾郎、草彅剛、香取慎吾について——

『このたび弊社は稲垣吾郎、草彅剛、香取慎吾の3名より申し入れを受け、2017年9月8日の契約期間満了に伴い、3名とのマネージメント業務委託契約を終了することとなりました』

——と、正式に発表。

そこには当初、ジャニーズ事務所からの〝退所が濃厚〟と見られていた、中居正広の名前は記されていなかった。

「TV界の反応、受け入れ方は様々でしたが、一つだけ確実にわかったことがありました。それはSMAP解散からの半年間、ジャニーズ事務所が新たに彼らを売り出す動きをまったく見せなかったことで、かなり早い時点で〝9月の契約更新はない〟ことを了承していたということです。おそらくは退所後、３人は〝テレビやラジオのレギュラーも打ち切りになるだろう〟と、苦難の道のりを想像させられました」（フジテレビプロデューサー）

一時期、香取慎吾の〝芸能界引退〟や、草彅剛の〝結婚を前提に一般人女性と交際中〟など、ファンにとってはネガティブな噂が飛び交ったのも、実はその発信元が「ジャニーズ事務所だった」と言われているらしい。

「吾郎ちゃんの噂だけはありませんでしたから、裏では木村くんが〝吾郎ちゃんの残留工作を図っていた〟のは、TV界では公然の秘密。また中居くんの〝３人に芸能活動を続けさせるため、犠牲的精神でジャニーズ残留を決めた〟という美談仕立てのストーリーも、個人で十二分に事務所を潤わせてくれる中居くんを世間の悪者、土壇場での裏切り者にしないための、ジャニーズの情報操作と言われています」（前同）

その真偽はともかく、このような噂が流れるのも、SMAP解散後の彼らにはまだまだネームバリューがある証拠。

逆に言えば、３人の知名度と影響力を最大限に活かすことで、新たな活路を見出だすことが出来るのではないか？ ——優秀なマネージャーならば、そう考えるのが自然だろう。

「それまでのジャニーズ退所組には、退所してからのこれといった戦略がありませんでした。芸能界の表舞台で生きていこうとしても、ジャニーズの商売敵になると見なされたら瞬速で排除されますからね。女性アイドルのように〝元AKB〟や〝元乃木坂〟が再起の看板になるわけでもなく、仮に看板になったとしてもファンを相手にシークレットイベントを開き、小遣い稼ぎをするぐらいが関の山。中には水商売の道で、ホストまがいの商売をする元ジャニーズもいる。近年ではNEWSを脱退したONE OK ROCKのTaka（森内貴寛）のような独立成功例もありますが、そもそも彼は森進一と森昌子の息子。圧力をかけることなど、さすがのメリー（喜多川）さんでもしませんよ」（前同）

3人が正々堂々と芸能界で生きていくためには、ジャニーズとは正面から敵対しない場所に、新たな居場所を作るしかない。しかも後々、大きなビジネスに繋がる源泉を掘り起こすことが出来る、そんな場所にだ。

それがジャニーズ独立にあたっての、成功のための最重要課題だろう。

「その準備が整い、3人が一つの旗の下に集結することが発表されたのは、ジャニーズ事務所を退社した2週間ほど後の9月22日未明。解禁された情報は〝新しい地図〟とネーミングされた公式サイトの立ち上げと、ファンクラブの設立でした。3人の代理人を務める弁護士によると、今後クリエイティブな活動は〝CULEN社とパートナー関係を結ぶ〟と。そしてご承知の通り、CULEN

の代表は飯島さんでした。いつかはその日が来るだろうとは思われていましたが、まさか退所から2週間とは。さすが飯島さん、あまりのスピードと手際の良さには驚かされます」（前同）

メディアの窓口は、3人の代理人を務める弁護士事務所だという。

だが現実的には、弁護士がスケジュール管理やマネージメント、現場の立ち合いまで行うことは出来まい。〝CULEN〟と3人がビジネス面でのイコールパートナーであれば、マネージメントも〝コラボレーションの一環〟だろう。すでにCULENに合流していた元ジャニーズ事務所のマネージャー数名が、再び手腕を振えば良いだけの話。

なるほど、上手い落とし所を用意したものだ。

「今回、公式サイトの立ち上げでクローズアップされるまで、CULENの名前は一度たりとも外部に漏れていません。それは飯島さん以下、ジャニーズ事務所を退社して合流した元マネージャーたちが、徹底して隠密裏に準備を進めたからです。ジャニーズ事務所に潰されないための用心というよりも、自分たちがこれから何をしていきたいのか、確固たる目標と信念に基づいた行動であることを感じさせます」（前同）

飯島女史に関してはいくつもの憶測が飛び交ったが、2016年1月末にジャニーズ事務所を退社して以降、半年後の7月にCULENを設立。

その事業目的には空間プロデュース、グッズの企画、製造販売、出版、コンテンツの海外発信などの言葉が並んでいる。

「実際、すでに公式サイトは立ち上げ時から英語、フランス語、中国語での案内が用意されていて、中国最大のSNS〝ウェイボー(weibo)〟にも対応しています。CULENの看板に偽りなし、設立からの1年間でよくここまでの準備を進められたものです」(前同)

そして、そんなCULENが見つけた、最も大切な〝源泉〟とは?

次項はさらに話を進めて行こう――。

インターネットへの進出

「飯島さんはとても優秀な人です。それは動かしようがない事実ですが、CULENの名前が堂々と表に出るようになった辺りから、〝きっとインターネットを最大限に活用する戦略に出るんだろうな〟――とは予測がつきました。しかし最初に組む相手がAbema TVになるとは、誰も想像していなかったと思います。いくら稲垣くん、草彅くん、香取くんの3人でも、Abema TVで72時間もの番組を配信するのは常識外でしたから」

某大手広告代理店CMプランナー氏は、飯島女史との間に共通の知人を持ち、さらに自身も、SMAP時代の香取慎吾が出演したCMを手掛けた人物。

その彼は、CULENが〝新しい地図〟を通して積極的なSNS展開を始めた背景について、飯島女史にとっては「今がインターネットに進出する最高のタイミングだった」という、意外なエピソードを明かしてくれた。

「ファンの皆さんの中にも稲垣くん、草彅くん、香取くんら3人の公式サイトが立ち上がった時点で、〝インターネットに手を出すだろうな〟と予想した方は多いと思います。正面からジャニーズ事務所と喧嘩することを避けるためには、ジャニーズ事務所とは無縁の場所で店を広げるしかない。それは子供にでもわかる理屈ですからね」（CMプランナー氏）

ジャニーズ事務所が所属タレントの肖像権、あるいは作品の著作権を盾に〝顔写真の使用を許さない〟のは、今さら説明するまでもない鉄の掟。

しかしインターネットの世界では1枚でも顔写真がアップされてしまうと、ほぼ未来永劫、その写真はインターネットの中で生き続けてしまう。

「顔写真の使用に限らず音楽配信についても、ごく一部を除き解禁していません。ただしそれは事務所の方針というより、あくまでも実務を仕切るメリー（喜多川）さんの方針。現場で会うジャニーズのマネージャーさんたちは、いつもその話になると〝事務所のスタッフ98％は賛成なんですけどね〟――と、苦笑いを浮かべていますから」（前同）

ちなみに反対派の2％は、メリー喜多川氏、藤島ジュリーK氏の2人を指している。

もちろんジャニーズ事務所のスタッフ〝100人中の2人で2％〟の意味ではなく、それを揶揄した言葉遊びの一種らしい。

「しかし飯島さんはジャニーズ事務所に在籍時代、インターネットは〝味方につけるべきもので、決して敵対するものではない〟という、確固たる考えがありました。もう10年以上も前から〝いずれインターネットは手のひらで持ち歩けるようになる〟という認識を持っていて、そうなった時に**『タレントがインターネットをどう使うか？ 使い方によっては、テレビのレギュラーを５本持つよりも武器になる』**――と話していたほどです。でもジャニーズ事務所では、そのタイミングがいつ訪れるのかわからない。果たしてそんな時代に対応出来るのか……ずっと危惧していました」（前同）

スマホの出現と普及が、飯島女史の予測通りの時代を生み出したのは言うまでもない。

「インターネットの象徴的存在と言えば、サイバーエージェントの藤田社長、それからホリエモン。さらにはソフトバンクの孫正義さんもそうですが、彼らは皆〝インターネットの世界は最初に新しいプラットフォームを作った会社が丸儲けする〟という共通した認識を持っています。そしてそこから生まれたのが、藤田社長のＡｂｅｍａ ＴＶ。一方、ジャニーズ事務所を離れた飯島さんには、〝芸能界はまだまだインターネットの可能性を拾い切れていない〟確信があった。こうして考えていくと、ジャニーズの影響下にない両者が結びつくのは、ある意味では必然だったのです」（前同）

パソコンやスマホに、地上波に匹敵するジャンル・内容の番組を配信するＡｂｅｍａ ＴＶ。

しかし冒頭のセリフにもあるように、飯島女史を知る人物たちでさえ、まさか「Ａｂｅｍａ ＴＶとタッグを組むとは」――と、当初は驚かされる。

「３人のＳＮＳ進出は予測することが出来ましたが、インターネットＴＶ、それも72時間の生放送は畏れ入りましたね。だって個人のSNSと『72時間ホンネテレビ』の間には、徐々に踏むべき段階がいくつもあったのですから。言ってみれば〝冬山登山を趣味にしてみよう〟と思い立ち、その足で道具を揃えた初心者が、翌日、いきなりエベレストを登り始めるようなものですよ」(前同)

それも飯島女史と藤田社長、トップ同士の直接会談で物事が進んだからこそ実現した、新しい潮流の始まりに他ならない。両者のフットワークの軽さがなければ、おそらくは香取慎吾でさえ、ようやく「Twitterのトレンド入りって？　〝バズる〟って何なのさ⁉」……などと話しているレベルだったに違いない。

「3人はともかくとして、今の10代、20代のジャニーズJr.たちは〝SNS禁止令〟を出されていても、TwitterやInstagramの裏アカウントを持っているのが常識。すでに内部から有名無実化している今、3人と飯島女史がジャニーズ事務所の〝嫌ネット〟にトドメを刺す――と言ったら、やっぱり言い過ぎになりますかね？」(前同)

ところでふと、素朴な疑問を。

飯島女史と藤田社長は、いとも簡単に72時間の生放送を決めるほど、もとから親密な間柄だったのだろうか。

それとも誰か、他にキーマンが――。

『72時間ホンネテレビ』

「表向きには稲垣くん、草彅くん、香取くんがジャニーズ事務所を退所した直後の9月中旬、藤田社長本人が3人の窓口になっていた弁護士事務所に出向き、出演を依頼したことになっています。そして公式に発表されたのは、〝新しい地図〟サイト立ち上げから2日後の9月24日。このAbemaTV出演が、サイトの初エントリーになりました」

テレビ朝日制作部ディレクター氏は、当時のことを振り返り、

「〝3人がAbema TVに出演する〟と発表されても、僕らのところには生放送なのか録画番組なのか、72時間何をするのかの情報がまったく下りて来ませんでした。それどころかプロデューサー級の人間ですら〝何も知らない〟と困惑するだけ。だからあの時は、ウチから出向している人間に連絡を取り、情報を集めるしかなかったんです。ところが彼らでさえ、何も聞かされていない。まあ考えれば、何か知っていたら発表前に漏れてましたもんね」

――と苦笑いを浮かべる。

確かに〝新しい地図〟公式サイトのトピックスには――

『AbemaTVで番組放送決定!

稲垣・草彅・香取 3人でインターネットはじめます『72時間ホンネテレビ』
2017年11月2日(木)よる9時~11月5日(日)よる9時
AbemaTV SPECIALチャンネルにて放送

通知予約はこちらから
(※以下、AbemaTV 番組専用URL)』

――と、いかにも急遽スケジュールのみが決定したかのような、簡単な告知がなされただけだった。
さて『ホンネテレビ』と言いながら、藤田社長は真実を話していたのだろうか。

「あくまでも地上波の視点で言えば、いくらインターネットTVとはいえ72時間分の企画会議と内容、構成の決定、連休中のロケの手配、道路使用許可、出演者の交渉、VTR出演ゲストの収録を、9月中旬から放送までの1ヶ月半で行ったとは思えません。サーバーの強化等サイバーエージェント側の作業は抜きにして、単純に番組制作にかかる手間は最低3ヶ月。通常、半年前から動いて実現する企画です。ただし先ほどもお話ししたように、それは〝地上波ならば〟ですが」（テレビ朝日制作部ディレクター氏）

そう、藤田社長がいかに優秀な制作陣を抱えようと、1ヶ月半の間に万全の態勢を敷くのは不可能に近い。

つまり単純に「もっと早く動いていたのではないか」――と、ディレクター氏は睨んでいるのだ。

「間違いなく本当のことを話していたのは、3人の出演と番組の放送が決まった後に、ウチの早河会長に事後報告したという点です。すでに多く報道されたように、Abema TVは藤田社長と早河会長の宴席から飛び出したアイデアを具現化したもので、出資比率もサイバーさん60％、テレ朝40％のパートナー関係にあります。ウチからの出向社員も十人単位でいるし、本来ならば企画をまとめ、両者の合意の下で出演交渉をスタートさせるべきでしょう」（前同）

それが出来なかった、つまり藤田社長が単独で行動を起こした強気な理由は2つある。

まず1つはテレビ朝日がジャニーズ事務所に忖度し、非協力的な態度のみならず情報漏れの危険があったこと。

そしてもう1つは、2016年4月に開局以来、初年度も2年目もそれぞれ200億円超の赤字を出してはいるものの（※2年目は見込み）、それをすべてサイバーエージェントが受け持っていることだ。

「要するにウチは当初の出資こそしているものの、それ以外はサイバーエージェントに押し付けているに等しい。この関係で藤田社長がやることに文句や横槍を入れられるかどうかといえば、まあ普通は〝ノー〟ですよね」（前同）

もちろんこの事実をもとに、藤田社長がテレビ朝日に〝優位〟を求めているわけではない。

ちなみに余談だが、サイバーエージェントの2017年度の営業利益は307億円で、一方のテレビ朝日は前年度172億円。AbemaTVの赤字はテレビ朝日の営業利益を優に上回り、サイバーエージェントの利益をいかに減らしているかは、数字を見れば一目瞭然。

さすがにこの関係で、テレビ朝日が強く出られなかったのも納得だろう。

「これも報道されましたが、ジャニーズ事務所側から『なぜAbemaTVに協力するのか？』――とクレームが入ったのは事実です。しかしウチが何らかの形で手を引く前に、先方が〝藤田社長の暴走です〟と言い訳がつく形を作ってくれた。稲垣くん、草彅くん、香取くんの3人が個人的なつき合いを始めたこともそうですし、飯島さんがサイバーエージェントと組むと決めたこともそうですが、藤田社長は先回りをして人の心を掴む達人。Abema TVだけではなく、藤田社長もかなり株を上げましたよね」(前同)

もちろんその裏には、『72時間ホンネテレビ』がAbema TVの起爆剤となってくれることを期待した目論見があり、実際に本業にも恩恵を及ぼしつつあるという。

「サイバーエージェントの本業はインターネットの広告代理店業なので、『72時間ホンネテレビ』の〝7,400万視聴〟が与えたインパクトは大きい。これまでの取引相手はもちろんのこと、新規顧客の取り込みに大きな力を発揮しているそうです。さらに今回のタッグを機に、CULENともより強固な関係を築くでしょう。インターネットの世界には国境がない。飯島さんの狙いとも合致しますから」(前同)

そして3人のSNS活動は、『72時間ホンネテレビ』終了後も順調かつ活発に行われている。

11月末現在、Twitterアカウントのフォロワー数は、稲垣吾郎 約75万人、草彅剛 約84万人、香取慎吾 約90万人。

これがTwitterを初めて1ヶ月での数字だから驚かされる。

「微妙な差は、それぞれがもう1種類やっているSNSの性格の違い。稲垣くんのアメブロ読者数は約43万人、草彅くんの〝ユーチューバー 草彅チャンネル〟の登録者数は約62万人、香取くんのInstagramのフォロワーは120万人。つまりインスタ、YouTube、アメブロの順に人気があるのと同じ。これは単純に、今のSNSの流行です」（前同）

3人をSNSに〝導いてくれた〟サイバーエージェント運営のAmeba Blogが人気最下位なのは、何とも皮肉な話ではあるが、『72時間ホンネテレビ』をきっかけに、稲垣、草彅、香取の3人は〝新しい地図〟を描き始めた――。

変わり始めた〝潮目〟

『72時間ホンネテレビ』がＡｂｅｍａ ＴＶで放送されたことで、民放キー局の番組制作現場には変化の芽が生まれたという。

稲垣吾郎『ゴロウ・デラックス』を放送するＴＢＳ、草彅剛『「ぷっ」すま』を放送するテレビ朝日、香取慎吾『おじゃＭＡＰ‼』を放送するフジテレビでは、明らかに３人に対しての〝潮目〟が変わったそうだ。

「香取くんが『ボクらの時代』（フジテレビ系）に出演したことで、事実上、フジテレビは３人が番組に出演することを黙認する方針を打ち出したそうです。また、ビートたけしは**『稲垣の番組？ いよ全然、喜んで出てやるよ』**――と『ゴロウ・デラックス』にゲスト出演。しかも独立後のアドバイスをしてくれたシーンを、カットせずにオンエアしました。かつてジャニーズから独立したタレントに対し、ほんの数ヵ月間でキー局が取る対応ではありません」（某ベテラン制作マン）

ところが依然としてジャニーズ事務所の〝意向〟を一方的に忖度し、３人を〝いなかったこと〟として処理するのがワイドショー番組だ。

しかしどうやらその対応は、内部からは早くも限界の声が上がっている。

「今、ウチの制作陣は頭を抱えています。〝どうしてあの3人を使えないのか?〟……特に11月下旬に入ってからフジテレビが動きを見せる中、ウチは『スッキリ!』で完全にミソをつけてしまいました。3人の耳にその一件が入っていたら、もう永遠に日テレには出てくれないんじゃないでしょうか」

苦笑いを通り越し、いかにも〝頭を抱えた〟表情で話すのは、日本テレビの人気バラエティ番組を担当するディレクター氏。

「しかも当事者の加藤(浩次)さんが、香取くんの番組にゲスト出演。〝加藤浩次が香取慎吾とやりたいこと〟をテーマに、かなり楽しいロケを行った直後の出来事だったんです。このところ改編期になると加藤さんの降板が噂になりますが、まさかこの一件が原因で来年3月に番組が終了しないか心配ですよ」

『スッキリ!』メインMCであり、後に〝当事者〟になる加藤浩次が「ゲスト出演をした」のは、皆さんもご覧になったであろう『おじゃMAP!!』(11月29日放送分)のこと。


『香取慎吾とゆっくりと飲みたい』

——と希望した加藤の願いをディレクター役のザキヤマが叶え、加藤行きつけのスナックへ。

そこにドラマ『人にやさしく』の主要キャスト（松岡充・須賀健太）も合流し、思い出話と共に主題歌を合唱した回のエピソードだ。

「加藤さんは本当に楽しかったらしく、香取くんとの水上相撲についてもスタッフに熱弁していたそうです。ところが11月23日の『スッキリ！』で、あの事件が起こってしまった。その香取くんとの思い出を汚されてしまったと感じたのか、加藤さんから〝あのセリフ〟が飛び出してしまったのでしょう」（日本テレビディレクター氏）

11月23日の『スッキリ！』では、その前日に都内で開催された雑誌『ＧＱ』の『ＧＱ ＭＥＮ ＯＦ ＴＨＥ ＹＥＡＲ ２０１７』の授賞式の様子を、芸能ニュースの一つとしてオンエアすることになっていた。

しかしいざ取材ＶＴＲが流されると、受賞者９人のうち真ん中に位置していた稲垣、草彅、香取が、まるで〝そこにはいなかった〟かのように編集されていて、当然、香取らの授賞式出席をネットニュース等で把握していた加藤が気色ばんだのだ。

「ＶＴＲに合わせてワイプ画面で抜かれているのを承知で、加藤さんが『**そっか、香取くんと草彅くん、吾郎ちゃんも選ばれてるのよね**』——と呟いたんです。するとワイプは加藤さんから

（近藤）春菜さんに切り替わり、さらにそれを確認した上で、加藤さんは『**何で（3人が）いないの？　何だよそれ！**』――と音声だけをオンエアに乗せた。とどめにVTR明けにいかにもガッカリした表情の自分をカメラに抜かせ、香取くんたち3人をVTRから消した編集に対しての抗議を表したんです」（前同）

だが一方には、これは加藤の独断ではなく、番組を挙げて上層部に抗議をした〝出来レース〟の見方もあるという。

「加藤くんだってベテランのMCで、所属しているのは吉本興業。テレビ界の常識やいわゆる〝不祥事対応〟を、これまでに何十回も経験しています。そもそも相方からしてその対象。そんな彼が〝何でいないのか〟わからないハズがないし、いくらその直前に他番組の収録で会ったばかりでも、MC生命を賭けてまで抗議を表すほうが逆に不自然。当初から番組スタッフと示し合わせ、番組の総意として上層部に見せつけた――と見るべきでしょう。少なくとも僕はそう思っています」

――と推察するのは、前出の某ベテラン制作マン氏。

確かに、時期的にも『めちゃイケ』の2018年3月終了が発表された後で、わざわざ自ら『スッキリ！』降板に繋がりかねない行動を起こすとも思えない。

「言われてみれば、外から見るほうにはそう映るのが自然かもしれませんね。僕らバラエティ番組の制作班とワイドショーの制作班には〝壁〟もあるし、真意が伝わって来なかったのかも。ただ逆に、ワイドショーがそういう動きを見せてくれたなら、僕らも続かなくてはならない衝動に駆られますね」（前出・日本テレビディレクター氏）

とはいえワイドショーに関しては、概ね『スッキリ！』と同じ処理を施した番組が多い。

〝新しい地図〟の３人が生み出す流れは、まだまだ、渦を巻くような大きなうねりには成長していないということ――現実的にはそう言わざるを得ない。

しかし、潮目は間違いなく変わり始めている。

『スッキリ！』が加藤浩次のキャラクターを利用したように、少しずつ少しずつ、レジスタンスの抵抗を続けようではないか。

テレビ界を飲み込む潮流を招くには、コツコツと積み上げていくしかないのだから。

『クソ野郎と美しき世界』

２０１７年10月16日、公式サイト〝新しい地図〟のトピックスに新たにエントリーされた――

『重大発表！』

――の文字。

そこには募集開始から４週間近く経ち、10万人を超えるまでに膨らんだファンクラブの〝ＮＡＫＡＭＡ〟会員に対する感謝がまず綴られ、さらにＮＡＫＡＭＡに喜んでもらえる、思い出になる企画として――

『【新しい地図】ＮＡＫＡＭＡと映画を作ることが決定！』

――とあった。

皆さんもご承知の通り、衝撃的だったのはその映画のタイトル。

そこには――

『クソ野郎と美しき世界』

――と、あったからだ。

「この〝クソ野郎〟を巡って、芸能マスコミは大騒ぎになりました。そのほとんどは〝クソ野郎が誰を指すのか?〟についての邪推で、みんな〝木村拓哉のことだろう〟〝いや、土壇場で裏切った中居正広に決まってる〟〝そもそものクソ野郎はメリーさんじゃないの!?〟〝というか、ジャニーズ事務所って意味でしょ〟……などと、野次馬根性丸出しで囁き合っていました。まあ、記事にしたのは東スポや週刊女性、週刊文春、新潮をはじめとする〝反・忖度〟メディアだけでしたけどね」

そう話す人気放送作家氏は、タイトルだけが先行し、その前後がほぼ無視されていることに「注意喚起したい」と語る。

「まずはタイトルを忘れ、この映画が3人について来てくれる〝NAKAMA〟への恩返しであり、喜んでもらえるものであることに注目してください。そして次に、〝思い出になるように、一緒に作ろう〟――と呼び掛けていることも。つまり当たり前の話ですが、ファンクラブ会員が悲しむような、観て不快になるような作品では決してないのです」（人気放送作家氏）
そう、あまりにも衝撃的なタイトルゆえ、さすがのNAKAMAたちでも、他の部分が目に入らなかった方もいらっしゃるだろう。
「さらに同じ日の別エントリーでは、〝思わず笑ったこと、癒されたこと、びっくりしたこと〟など、心が動いた出来事をハッシュタグ付きでSNSに投稿する企画のスタートを告知しています。この両者をフラットに、色眼鏡をかけずに考えると、映画もファンを巻き込んだ連動企画になるだろうと予測出来る。つまりみんな、タイトルに踊らされすぎということですよ」（前同）
確かにストーリーとしては、クソ野郎が誰か具体的な対象者であったほうが、野次馬マスコミはヨダレを垂らして飛びつくに違いない。そして真っ先に木村拓哉や中居正広の名前が取り沙汰されることも、優秀なCULENのスタッフならば容易に想像がついていたはずだ。
ではなぜ、このような衝撃的なタイトルを〝先出し〟したのか？
前出・人気放送作家氏はCULENに移籍したスタッフから、その答えに繋がるヒントを聞き出していた。
「抽象的なセリフだったので明確なヒントになったとは言い難いのですが、たとえばTHE BLUE

ＨＥＡＲＴＳの名曲のフレーズにもあるように、ドブネズミやクソ野郎といった嫌悪される存在でも、角度によっては〝美しく見える〟のだと。これは僕の推測ですが、クソ野郎はおそらくは自分たちのことで、〝ＮＡＫＡＭＡがいるからこそ共に美しい世界を作れる〟――といった、テーマとしてはその辺りのように感じました」

若干、口籠っているように見えたのは、それ以上は核心に触れない約束でも交わしたのだろうか。

「これから情報を小出しにしていくというので、それを待ったほうが楽しみではありませんか？　それともう一つ言えるのは、〝ＮＡＫＡＭＡを失望させたり落胆させたりするような作品は作らない〟ということ。改めて言わずとも、ファンの皆さんはご承知でしょうけどね」

『72時間ホンネテレビ』のフィナーレ、72曲連続で挑んだステージに７２０名のＮＡＫＡＭＡを観覧で募集した〝新しい地図〟は、１人でも多くのファンと作品を作り上げる〝楽しみ〟を知っている。

そんな彼らが作り上げる映画が、たとえばちっぽけな復讐心のようなものに左右されるわけがない。

それだけは間違いなく断言しておこう。

中居正広の苦悩と決断

『クソ野郎と美しき世界』について、反・忖度メディアから失礼にも〝クソ野郎〟候補として名前を挙げられまくった、木村拓哉と中居正広。

しかしそこで名前が挙がらずとも、木村、中居の2人と、稲垣吾郎、草彅剛、香取慎吾との間の〝本当の関係〟について、皆さんも気にならないわけがないだろう。

特にジャニーズ事務所残留を最も早く宣言した木村拓哉ではなく、リーダーとしてジャニーズ独立を主導した(……と言われていた)にも関わらず、すべての番組を継続したまま残留した中居正広については、一時期、木村の比ではないバッシングに繋がる可能性もあったのだから。

「中居くんはSMAP解散後の今年(2017年)1月の段階で、早くも〝元マネージャー女史に億単位の事務所設立資金を提供〟などの噂が流れるなど、当初は反乱組のリーダーとして印象操作されている感が強かった。さらに香取くんの芸能界引退、アーティストとしてのフランス留学。草彅くんが再び飲み歩き、一般女性と結婚を前提に交際している……など、次々とファンにはありがたくない、ネガティブな情報ばかりが噴出。独立が規定路線と見られていた中居くん、草彅くん、香取くんに対するジャニーズからの〝お仕置き〟が、早くも始まったことを業界中が思い知らされたのです」

話してくれたのは、ジャニーズの後輩グループの冠番組を担当する、ディレクター氏。

その後輩グループに影響が及ばないとも限らないので、グループ名はもちろん、一切のヒントも出さない条件での証言だ。

「彼らは実際、偉大なSMAPがまさか解散することはもちろん、中居くんや草彅くん、香取くんに対してジャニーズから圧力がかかるなど、想像もしていなかったそうです。**『だってSMAPさんは、ジャニーズのグループで頂点に立つ存在ですよ？ マッチさんや東山さんはジャニーズの関連会社の役員だから、そもそも経営者サイドの方々。タレントサイドのトップはSMAPさんだし、そのSMAPさんがあそこまで追い込まれた経過や仕打ちを見ると、僕らはもう、絶対に余計なことを言えないじゃないですか』**――と、本気でビビっていました」（ディレクター氏）

なぜこの後輩の証言を取り上げたのかというと、それは中居の〝苦悩〟を草彅や香取よりも〝近い〟場所で、ずっと見続けて来たからだ。

「中居くんにはテレビ局や事務所のスタッフを交え、何度か食事に連れて行ってもらっているそうです。その食事の席での中居くんの様子が、今年に入ってからは暗くなる一方だったといいます。特にジャニーズ残留が明らかになる6月の直前、中居くんが『**自分の気持ちに正直に生きることだけが正義じゃない**』――と寂しそうに呟いたセリフには、『**あんなに辛そうな中居さんを見たのは初めて**』……と、かなりの衝撃を受けた口振りでした」(前同)

それを聞いた時に後輩メンバーは、それまでの中居の変化は〝ジャニーズ事務所残留〟の決断が招いていたことを感じ取る。

「いつも自信と余裕に溢れていて、日本一のアイドルグループのリーダーであり、かつテレビ界きっての司会者の一人でもある中居くんが、『**すごく小さく見えてしまった**』……と。あの中居くんを〝普通の人にしてしまう〟ジャニーズのプレッシャーは『**とても自分では受け止め切れない**』――と下を向いていました」(前同)

最終的にジャニーズ事務所残留を決断した中居正広も、そこに至るまでには自分の気持ちが揺れ動いていたのだ。

『**自分の気持ちに正直に生きることだけが正義じゃない**』

この言葉が、中居の無念な想いをすべて物語っている――。

木村拓哉が送ったメッセージ

「木村くんは2度、事務所スタッフを介して中居くんにメッセージを送ったと聞いています。最初は中居くんのジャニーズ事務所残留が決まった直後、2度目は『72時間ホンネテレビ』のオンエアから数日後。実はいずれも〝退所した3人〟についての内容だったそうです」

木村拓哉とは彼が主演した某連続ドラマの〝主役とスタッフ〟の関係で知り合い、それ以降、プライベートの〝食事仲間〟だというドラマプロデューサー氏は、

「世間がどう思っているかは知りませんが、木村くんはずっと、年下3人のことを気に懸けているんです。木村くんは僕に、退所した3人について**『時間がかかっても絶対に成功して欲しい』**――と、何度も話してくれましたから」

――と明かしてくれた。

「それでもわざわざ中居くんを介さないとメッセージが送れないのは、もちろんそれなりの理由があるからです」（ドラマプロデューサー氏）

11月26日、明石家さんまが自身の特番の中で――

『木村とはお互いに墓場まで持っていく秘密を打ち明けあっている』

――などと例によっての〝思わせ振り発言〟を発していたが、実はその一つに、

「〝SMAPが4対1に割れた〟ある理由が含まれているのではないか?」

――と、ドラマプロデューサー氏は推測する。

「要するにそのお陰で、〝新しい地図〟の3人には直接連絡が取れなくなってしまったんですよ。実は中居くんとも疎遠なままですが、ジャニーズ事務所に残留してくれたことで、一方的にならメッセージを送ることは出来る。事務所のスタッフに手渡せばよいのですから」

ところが木村も知らない様子だが、中居と3人の間も、ほぼ連絡が取れないようになっていた。

ただしこちらは、あえて連絡を取らないように示し合わせている可能性もある。

前出の後輩グループの番組を担当するディレクター氏によると、

「連絡を取り合い、3人が次にどんな仕事をするのか、その仕事をどのように進めればよいかなどを相談すると、中居くんはどうしても気になって余計な口を挟みかねないから」

――らしい。

「木村くんが〝ＳＭＡＰを捨てた、解散を招いたＡ級戦犯だ〟などと言われるのは、彼を良く知る人間としては、我慢ならない侮辱です。残念ながら中居くんからは、木村くんが送ったメッセージの返事は返って来ていません。ただ、そもそも決定的な決裂を招いたのは、木村くんではなく４人のほうなのです。さんまさんが〝墓場に持っていく〟のならば僕も口外することは出来ませんが、何とかして木村くんの無実……ではなく、無念を晴らしたいですね」

――そう語ったドラマプロデューサー氏。

皆さんには〝おあずけ〟を喰らわせてしまったようで、大変申し訳ない気持ちで一杯だ。

しかしご安心頂きたい。

一方では墓場に持っていく話でも、もう一方では〝酒席での内緒話〟レベルであることも多い。

その真相については改めて第2章でお話しさせて頂くので、しばしお待ちを――。

3人の地図

第2章

始動—リスタート—

稲垣、草彅、香取、そして森――4人が歩む道

『72時間ホンネテレビ』で3人が最も本音をぶつけ合ったのは、番組スタートから42時間が過ぎた頃に登場した、元SMAPメンバーで現オートレーサー・森且行との再会シーンだった。

「番組には〝21年ぶり森且行と再会〟のテロップが表示されましたが、これは単純に森くんがSMAPを脱退してからの年月。2016年から2017年への年越しは、六本木の焼肉店で共に迎えているわけですから」

2014年7月にフジテレビ系でオンエアされた『SMAP×FNS27時間テレビ』の担当者で、『72時間ホンネテレビ』にも協力していたテレビ制作会社ディレクター氏は、

「中居くんと木村くんがいなくても、彼ら4人の間には〝SMAPの絆〟が固く結ばれているままだった」

――と、当日の舞台裏を話してくれた。

「森くんとの再会を強く主張したのは飯島さんでした。しかしスタッフの中には、森くんとの再会ロケを危惧した者もいました。ロケ当日はオートレース開催中、それも浜松オートでの〝第49回

S G日本選手権〞準決勝の当日で、2着までに入ると翌日の決勝戦に進む可能性もあった。その場合、オートレースを運営する財団法人J K Aの協力が、どこまで得られるかわからない。つまり生中継の準備を整え、3人とスタッフが現地に飛んだにも関わらず、森くんが出場するレースを見るだけで帰って来た……のオチがつくリスクを、覚悟して臨まなければならなかったんです」（制作会社ディレクターI氏）

結果的には飯島女史をはじめとするC U L E NスタッフがJ K A側と粘り強く交渉し、生中継はもちろん、選手関係者以外の一般人は絶対に入れない選手寮や調整ルームまで、「オートレースの認知を高めるためにも！」——の口説き文句で撮影許可が下りたという。

「J K A側も〝元S M A P〞の森くんにはオートレースの広報役を担わせて来たので、多少の無理は通る確信が飯島さんにはあったようです。それに、すでに2014年の『S M A P×27時間テレビ』で森くんからのメッセージを実現させていて、その頃からのコネクションも継続していた。忘れられないのは企画会議で、飯島さんが『**絶対にバズるから！**』——の一言を発し、思わず藤田社長が拍手を贈ったシーンです」（前同）

そう、今回の『72時間ホンネテレビ』で藤田社長と飯島女史が掲げていた〝世間をバズらせる〞狙いを、女史は誰よりも早く理解していたのだ。

「だから森くんが走る準決勝の発走前に〝#森くん〟がTwitterのトレンド世界1位に輝いた時、3人はもちろん我々スタッフは飯島さんの慧眼に感服すると同時に、バズったこの番組の成功を確信したんですよ」(前同)

『72時間ホンネテレビ』のオープニングで藤田社長からSNSの教授を受けた際、目標に掲げた〝トレンド世界1位〟を森くんで達成。その森を「どうしても引っ張り出したい」と主張したのは飯島女史なのだから。

「残念ながら森くんは出場8人中の8位で決勝進出を逃しましたが、間近で見るオートレースの迫力と爆音に、3人は興奮して夢中になっていました。かつては同じグループにいた4人が、今こうしてフェンスに隔たれたスタンドとレースコースにいる。同じ空間にいるように見えて、決して交わらないその関係。4人を知る者にしてみれば、その瞬間はまさに刹那を感じたとしか言いようがありません」(前同)

かつてSMAPというグループで同じ道を歩んでいた4人が、今はそれぞれ別々の道を歩いている。

しかし彼ら4人の胸に宿る想いは皆同じだ。

「生放送の最中、稲垣くんがレースの感想を『**本当に好きなんだね。いい人生を送っている**』――と笑顔で語ったのも、気持ちを込めて応援したからです」(前同)

オートレーサーとしての道を究めようとひた走る森且行。
そして〝新しい地図〟に集い、新たな道を歩み出した稲垣吾郎、草彅剛、香取慎吾。
４人それぞれが見つめる先には、果たしてどんな景色が広がっているのだろうか――。

3人が切り開く〝新しい時代〟

『3人とも目の輝きが違う。スゴく変わった。写真を見てもわかるもん』

公式サイト〝新しい地図〟を立ち上げ、『72時間ホンネテレビ』の生放送のために浜松オートまで訪ねてくれた稲垣吾郎、草彅剛、香取慎吾に対し、森且行が素直に感じて発したのが、このセリフだった。

「SMAPがようやく軌道に乗り、明るい未来に対しての展望が開けかけたその時、もう一つの夢を追いかけるために、森くんは黙ってオートレーサーの適正試験を受けました。SMAPのCDデビューから5年、特にまだ十代だった香取くんは、兄のような存在だった森くんの脱退を知った夜の帰り道、思わず『**ふざけんな!**』――と叫んだそうです」

引き続き『72時間ホンネテレビ』の生中継に立ち合った、テレビ制作会社ディレクター氏に話を聞いていきたい。

「そのリベンジでもないでしょうが、香取くんは、ＳＭＡＰ在籍当時の森くんに自宅に呼ばれた時の裏話をしました。香取くんが訪ねてみると、そこには〝**テレビで見かける芸能人がいた**〟——と、触れられたくない過去を暴露した。ネットではすぐさま２人のタレントの名前が挙がりましたが、香取くんは東京に向かう移動車の中で、『**ネットって恐いな〜**』『**こっち系ではバズりたくない**』——と、面白がって話していました」（制作会社ディレクター氏）

香取自身、自分の発言に対するネットの反応を楽しんでいたわけだ。

「移動車の中で、すごくしんみりと、寂しそうにしていたのは草彅くんで、『**森くん、レース場で見ると勝負師の顔をしていたね**』——と話していました。その辺の感想は稲垣くんも似ていて、『**あの世界で20年も生きて来たんだよな**』——と、草彅くんの言葉に合わせるように頷いていましたね」

（前同）

この３人のリアクションの比較は面白い。

森を兄のように慕い、甘えていた香取はヤンチャな弟のように。

自分のことを最初に『ツヨポン』と呼んでくれた相手で、帰る方向が一緒だったせいか、時には北千住駅でバック転のムチャブリをされたり、逆に自分の過ぎたイタズラのせいで殴られたりもした草彅は、〝それでも大好き〟な地元の先輩を見るような目で。

性格も行動も正反対だが、当時のメンバー6人の中で同い年コンビだった稲垣は、冷静に相方の〝今〟を分析するかのように。

3人が3人とも、それぞれが森と育んだあの頃へとタイムスリップしたかのような、そんなリアクションだった。

「なかなか興味深かったですね。3人ともすぐに眠ってしまいましたが、起きていた間に話していたのは、本当に21年ぶりに会ったことで思い出したかのような、〝当時の森くんとのエピソード〟だったんです」（前同）

実は藤田社長は、飯島さんから——

『72時間の間、面白そうな企画だけを並べても面白くはならない。3人の感情が激しく起伏したり、時にはデビュー当時にタイムスリップしたりしないと、絶対に面白くならない。だからハプニングやトラブルも必要だし、頭よりも体を使わせなければダメ』

——そう伝えられていたそうだ。

「藤田社長は打ち上げの席でしきりに感心していましたね。その場ですぐに藤田社長と飯島さんの

２人は真剣な面持ちで話し込んでいたので、それを見た人間が〝次の番組の打ち合わせに違いない〟と思い込み、大晦日の紅白裏番組の噂に繋がったのだと思います」（前同）

その後、稲垣、草彅、香取の３人は、藤田社長との食事会を揃ってSNSにアップするなど、良好な関係を続けている。

ＡｂｅｍａＴＶはまだまだゲリラ的メディアだと見る向きも多く、３日間での延べ７，４００万回視聴を無理矢理テレビの視聴率に換算しようとするメディアも多い。

しかし忘れてはならない。

映画が銀幕と呼ばれ、産業として隆盛を誇っていた頃、テレビは〝電気紙芝居〟などと呼ばれ、蔑まれていたことを。

誰も映画産業の斜陽を予期することが出来なかったように、地上波テレビとインターネットテレビの立場が逆転する。それを時代が望む世が、来るかもしれないということを。

そして、稲垣、草彅、香取の３人が、その時代を切り開いていくのかもしれない――。

稲垣・香取、CM出演の衝撃

2017年9月22日に稲垣吾郎、草彅剛、香取慎吾の公式サイト〝新しい地図〟が開設されて以来、当たり前ではあるがジャニーズ事務所が3人の仕事に対し、何らかのアクション（……妨害行為など）を起こした形跡はない。

「3人の契約満了に伴う退所がジャニーズ事務所から文書で発表された際、そこにはジャニー喜多川さんの3人に対する想いも記されていました。ジャニーさんが『**このたび3名が自分たちの決意で異なる道を歩み始めますが、どこにいようとも、またどのような立場になろうとも、彼らを想う気持ちに変わりはありません**』——とした以上、その3人の仕事をジャニーズ事務所が表立って邪魔をすることは出来ない。すべてはタレントを使う側のメディアやマスコミ、スポンサーの〝忖度〟に委ねられるということです」（フジテレビプロデューサー）

ジャニーズ事務所が出来る報復らしきことは、自社の所属タレントとして引き受けた仕事を〝返してもらう〟程度のこと。たとえば〝F〟という商品のCMキャラクターが、香取慎吾から岡田准一にスライドしたことなどだ。

「特にＣＭに関してはタレントが持つイメージがストレートに商品イメージとして伝わってしまうので、独立騒動のゴタゴタから25周年ツアーの中止、ＮＨＫ紅白歌合戦の出場拒否などのネガティブイメージは、逆にジャニーズ事務所にとっては、ＳＭＡＰメンバーを降板させる〝都合の良い〟言い訳になってくれました」（前同）

それは皮肉にも事務所に残留した中居正広、木村拓哉のＣＭを減らすことにも繋がってしまったが、まだ香取のジャニーズ在籍中、早くも岡田へとスライドさせたことが無言のプレッシャーになり、マスコミの忖度はジャニーズ事務所の思い通りに運ぶ。

それによってテレビの新しいレギュラー番組はもちろんのこと、独立後の３人には「しばらくはＣＭなど来ないだろう」と高を括ってもいたようだ。

「草彅くんの『１本満足バー』（アサヒグループ食品）の新ＣＭがオンエアされたものの、そちらは退所前に継続が決定していたもので、退所後についた新たなスポンサーではありません。だからまだ高みの見物が出来ていたはずです。ただし、あの時までの話ですが……」（前同）

それは11月中旬、某大手広告代理店からジャニーズ事務所の幹部クラスに知らされた、衝撃的な情報だった。

「来年２０１８年2月から流れる新ＣＭのキャラクターに、稲垣くんと香取くんの２人が起用されるという情報です。商品はサントリーのノンアルコールビール『オールフリー』。サントリーの発泡酒はかなりのCM出稿量になるでしょうし、また彼らをキャラクターに起用した理由が〝『新しい地図』を立ち上げて新たな一歩を踏み出した2人は、中身とパッケージを大刷新してリニューアル発売する『オールフリー』のメッセンジャーに相応しい〟――とかなり奮った理由だったので、余計にカリカリ来ているようですね」（前同）

ネガティブなイメージが浸透した（……と、思っていた）のに、むしろ3人には〝ポジティブなイメージ〟がついていたのだ。

しかもそれがサントリーの商品となれば、ジャニーズ事務所にはどうしても抑えることが出来ない、複雑な感情も入り交じる。

「現在、近藤真彦がサントリー『アイスジン』のCMキャラクターを務めています。近藤といえば、かつてメリー（喜多川）さんが週刊文春のインタビューを受けた際、その場に飯島さんを呼びつけ、〝ジャニーズのトップ（タレント）は誰？〟――と詰問。飯島さんの口から〝近藤真彦です〟と言わせた、両者にとっては因縁のキーワード。もちろんサントリーにとっては何の因縁もありませんが、ジャニーズにしてみれば〝どうしてサントリーさんの新基軸商品のCMキャラクターに、よりによって飯島のところの稲垣と香取を……〟の気分になるわけです」（前同）

あのインタビューでメリー喜多川氏が――

『SMAPを連れて出て行け』

――とさえ言わなければ、SMAPの解散も飯島女史の退職もなかったのは、誰もが思う〝国民の総意〟。

結果的には一種の意趣返しになってしまったわけで、商品名の『オールフリー（すべて自由）』がまた、何とも言えぬジャニーズ事務所に対する〝皮肉〟に聞こえてしまうのは、私だけだろうか――。

SMAP最後の日に起きた〝ある出来事〟

『72時間ホンネテレビ』2日目、つまり11月3日にオンエアされた様々な企画の中で、実質上〝目玉企画〟と言えるのが、堺正章を招いての『ホンネトーク』だった。

今さら詳しく内容を説明する必要もないだろうが、3人が堺とトークを繰り広げたのは、六本木のミッドタウン脇にある〝炭火焼肉An〟。いかにも立派な建物内には大小いくつかの個室が用意され、お忍びの会合や宴会にはピッタリの店。

そしてもちろん、2016年12月31日、SMAP最後の食事会が催された場所だ。

「以前は韓国焼酎のJINROが経営する〝JINRO GARDEN〟という高級韓国料理店でした。そこを都内から全国、そして世界に多角的な飲食店チェーンを展開する会社が引き受け、自社ブランドの一つ〝An〟を炭火焼肉店としてオープンさせたのです」

グルメで知られる有名放送作家氏は、その経営母体の幹部とは昵懇の間柄だという。

「『ホンネトーク』でも話題に上っていましたが、炭火焼肉Anが2009年3月にオープンする際、肉を沖縄のもとぶ牛で揃えるなど、プロデューサー的な立場で関わったのが堺さんです。堺さんの名前があるお陰で人気芸能人も多く集まり、ちょっとした芸能人ウォッチングの名所になった時期もありましたね」（有名放送作家氏）

また六本木でも表通りから少し奥に入りながら、ミッドタウン建設のお陰で裏道からのアプローチに優れ、目立たずに訪れることが出来るのも芸能人からの人気の一因らしい。

「ＳＭＡＰファンにはすっかり聖地になりましたが、こちらの経営母体が使い勝手の良いイタリアンやバーを経営していて、その内の代官山にある店舗に、稲垣くんがちょくちょく訪れています。あれだけの有名人ですから、来店したらグループのオーナーに連絡が入り、挨拶に駆けつける。それがやがて、プライベートでのつき合いに発展したそうです」（前同）

稲垣が『ホンネトーク』で、ＳＭＡＰ最後の食事会について――

『会場は自分がお願いした』

――と明かした相手は、そのオーナーということだ。

「僕はもちろん２０１６年12月31日の集まりに参加したわけではありませんが、そのちょっとしたプチパニックについては、知り合いの幹部から聞いています。実は食事会が始まる前から、週刊誌

の記者とカメラマンが張り込んでいたんですよ」(前同)

ここで皆さんには、『ホンネトーク』で3人が明かした話を思い起こして頂きたい。

3人に中居正広、そして森且行を加えたメンバー、さらに少人数のスタッフたちは、店に入店した直後から、周囲に怪しい人影が複数蠢いていることに気づく。

途中、個室の窓から様子を窺ったりしていたのだが、そろそろ宴を締めようかと話していた時、「このまま無防備に撮られるのは悔しい」と、店の協力をあおぐことにしたのだ。

「聞いた話によると、やはり〝**SMAP最後の日、やられっぱなしは許されない**〟――という意見にまとまったそうです。週刊誌の記者にとっては絶好のスクープだけに、そう簡単には見逃してくれないでしょうけどね」(前同)

稲垣が――

『ゴタゴタしてお会計を支払い忘れている』

――と言うのは、このやり取りがあったからだ。

しかし、いくら週刊誌の記者が張っていたとはいえ、それだけでパニックになるような、そんな柔なメンバーではない。

「そうなんです。これはほとんど知られていませんが、その場で〝犯人探し〟が始まったのです」

――意味深な発言をする前出・有名放送作家氏。

実は、稲垣がわざわざオーナーに連絡を入れて会場を押さえたのは、その予約があまりにも急で、強力なコネクションに頼らざるを得なかったから。

「あらかじめ予約を入れていた店から〝怪しい予約が入った。バレているかもしれない〟――との連絡が入り、その予約はダミーで生かしたまま、前日にオーナーに相談した。そこまで用心を重ねていたにも関わらず、集合時間の前から週刊誌の記者に張られていたのはナゼか？……ええ、メンバーは当日その食事会を断った、〝彼〟を犯人だと疑ってパニックになったのです」

――それは木村拓哉のことだ。

「木村くんには当日に食事会の連絡を入れましたが、それはもし工藤静香にバレて、メリー（喜多川）さんに注進されるのが嫌だったからのようで、仲間外れにする意図はなかったようです。紅白出場を最後まで固辞したのに〝年越し焼肉〟で盛り上がったとなると、呼び出されて説教されるに決まっていますからね。出来るだけギリギリに誘いたかったのでしょう」（放送作家氏）

もうおわかりだろう。

先ほどの章で〝墓場に持っていく話〟とは、この時に〝犯人の疑いをかけられた〟ことだ。

「結果的には誰が密告したのか、犯人は明らかになっていません。木村くんを疑うのも、木村くんが疑われたのも、犯人が見つからない以上はやむを得なかった。最初にメンバーがそう思い込んでしまった以上、それを元に戻すことはなかなか出来ません」（前同）

どちらかが悪いわけではない。

特殊な状況に置かれた者の、特殊な感情が生んだ〝ボタンの掛け違い〟だったのだから。

パラスポーツサポーター就任で描く〝新しい地図〟

２０１７年11月15日、日本財団パラリンピックサポートセンターから公式発表されたのが、以下の文書だった。

『この度、稲垣吾郎さん、草彅剛さん、香取慎吾さんが、日本財団パラリンピックサポートセンター（通称：パラサポ）のスペシャルサポーターに就任しました。

３人はこれから、パラスポーツを盛り上げていくための様々な活動を行っていきます。

まずは、２０１８年３月４日に駒沢オリンピック公園陸上競技場で開催予定の『パラ駅伝 in Tokyo ２０１８』の応援に３人で駆けつけます。また、香取慎吾がパラサポのキーメッセージである『I enjoy!』をテーマに描いた記念壁画（２・６m×６・１m）を、実物大のレゴブロックを使って再現するプロジェクトを開始し、『パラ駅伝 in Tokyo 2018』でお披露目する予定です。

そのほかにも、パラスポーツの競技会場やイベント会場にも積極的に駆けつけます。

スペシャルサポーターの3人、そして、この取り組みにご賛同いただけるみなさまと共に、パラスポーツを通して新しい地図を描いていけましたら幸いです。

2017年11月15日』

またこの正式発表と共に、3人からのメッセージ動画も公開。

そこには晴れやかな表情で——

『平昌パラリンピックも2020年の東京パラリンピックも、今から楽しみです。これから3人で、ガンガン応援していきたいと思っています』

――と、宣言する3人の姿があった。

「今回の起用には飯島さんとCULENの工作、日本財団への強力なプッシュがあったにせよ、再び3人のもとにパラサポのサポーターが戻って来たのは、単純に言ってスゴい話です。最初に聞いた時、飯島さんがどんなマジックを使ったのか、想像もつきませんでしたから」

驚きの表情でこう話すのは、幅広いジャンルで活躍する放送作家氏。

ちょうど2年前の同時期、3人はSMAPのメンバーとしてパラサポの〝応援隊〟の一員に就任。しかし後にSMAP解散に伴い、その任を辞退したのも周知の事実だろう。

「今回の発表から2週間後、香取くんが〝朝日新聞パラスポーツ応援・スペシャルナビゲーター〟に就任しました。こちらは主に朝日新聞の紙面や主催イベント、競技との関わりですが、ハッキリと〝2020年東京パラリンピックの開催とその後の発展に向けての活動〟と明記されていて、香取くんが辞退しない限り、延々とパラスポーツと関われることが保証されている。もちろん稲垣くん、草彅くんにも大任が回って来るでしょうし、すでに3人は〝パラスポーツサポーターの顔〟と言っても過言ではない存在なのです」(放送作家氏)

かつて2020年オリンピック開催地に東京が立候補、有力視された頃、ジャニー喜多川社長は所属するアーティストたちに一つの夢を語っていたという。

それは東京が2020年オリンピックの開催地に指名された暁には、開会式や閉会式など全世界に発信される晴れ舞台で、自らが育てたアーティストによる〝エンターテインメントを披露したい〟

——という夢だ。

2020年には60周年のわずか手前、58年に及ぶプロデューサー人生の集大成として、自らのエンターテインメントを世界中に発信する壮大な夢——ジャニー喜多川氏なら、叶えられそうな気がする。

「2013年から2014年にかけての年末年始、帝国劇場で上演された『JOHNNYS' 2020 World』は、ジャニーさんが2020年の東京オリンピックに向けて、〝2020年までにユニット『2020（トゥエンティ・トゥエンティ）』を選抜していく〟プロジェクトでした。今はすっかり、なかったことになってますけどね。でもそれだけ、本気で準備を進めてはいたのです」

（前同）

その〝2020〟はさておき、東京オリンピックに何らかの形で深く関わることは、ジャニー喜多川氏の悲願。当然、SMAPのメンバーもその夢を聞かされて来た。
2015年11月、日本財団パラサポの立ち上げに伴いSMAPが〝応援隊〟に就任した際には――

『珍しくジャニーさんに褒められた』

――と、中居正広は語ったが、それも、ジャニー喜多川氏の強い想いの表れだったのではないか。
「応援隊の就任会見では木村くんが**『来年のリオ、18年の平昌、20年の東京と全力でサポートさせて頂ければ』**と誓い、中居くんは**『SMAPのPをパラリンピックのPにしようかな』**――とリップサービスをしたのも、ジャニーさんを喜ばせるためだったんです。たとえ今は稲垣くん、草彅くん、香取くんがジャニーズ事務所から離れていても、自分の息子同然の3人がパラリンピックに関係することを、ジャニーさんが喜んでいないわけがありません」(前同)
しかし公的な立場のスペシャルサポーターを一度は逃した3人が、なぜすぐさま返り咲くことが出来たのだろう。
これまでの芸能界の常識で言えば、同じ事務所に所属する後輩が代役を務めるか、あるいは返り咲くにしても、ジャニーズに残留した中居か木村のもとに話が行くはずだ。事務所を飛び出した

3人のほうに話が舞い込むのは、ほぼ奇跡に等しい。

「それは飯島さんが〝3人をサポーターに戻す〟ために築いた環境や人間関係、〝新しい地図〟の活動をサポートするためにフジテレビを退職してくれた人物の、超強力コネクションが物を言ったのは間違いありません。ですが最も決定的な理由は、3人がSNSを積極的に活用することで生まれる影響力の魅力、そして生身の〝体〟でもパラスポーツに関わろうとする姿勢。要するに3人の持つ〝人間力〟を総合的に判断し、認められての起用だったということです」(前同)

改めてもう一度、冒頭の日本財団パラリンピックサポートセンターからの公式発表をご覧頂きたい。

そこにはSMAP時代の3人だったら、おそらくは事務所サイドが受け入れなかったであろう、こんな文言が並んでいる。

※2018年3月4日に駒沢オリンピック公園陸上競技場で開催予定の『パラ駅伝 in Tokyo 2018』の応援に3人で駆けつける

※パラスポーツの競技会場やイベント会場にも積極的に駆けつける

パラリンピック本番、あるいは日本代表の選考会などではない〝普及イベント〟の応援に、積極的に駆けつけることが明記された公式発表。

もちろん、それら普及活動こそがスペシャルサポーターの役割だが、果たしてＳＭＡＰ時代、同じ要求にジャニーズ事務所は応えただろうか？

「このパラサポが３人を〝単なるスペシャルサポーター〟ではなく、〝立派なパートナー〟としても認めていることは、わざわざ公式発表に『**パラスポーツを通して新しい地図を描いていけましたら幸いです**』――と記していることからもわかります。彼らが腰を据えてパラスポーツと向き合えば、必ずやパラスポーツに対する社会の理解と認知が変わる。それこそが３人の、果たさなければならない役割なのです」（前同）

ジャニーズ事務所を飛び出したからこそ描ける、３人の〝新しい地図〟。

２０２０年に向けて、３人はパラスポーツのサポートを通じてどんな地図を描いてくれるのだろうか――。

3人が描く〝これからの活動〟

『72時間ホンネテレビ』の中で香取慎吾が断言していたように、〝新しい地図〟とは決して彼ら3人のユニットの名称ではないし、そもそもユニットも組まないという。

「3人それぞれが自由に夢を描くキャンバスが〝新しい地図〟。何かに縛られてしまうのなら、以前の古い地図に描き足せば良いのです」

なかなか洒落たセリフを呟いてくれた人物は、『おじゃMAP!!』を担当する制作スタッフ氏だ。

「SMAPの独立騒動が明るみに出て、それが『SMAP×SMAP』での生謝罪という衝撃的な出来事に結びつき、〝新しい地図〟としてリスタートを切るまで合計1年8ヶ月もの間、最も辛く苦しい日々を過ごしたのは慎吾くんです。生謝罪直後の、飯島さんの〝解雇〟に等しい退職、肉体的にも精神的にもどん底状態でこなした連ドラ。次から次に噴出する、自分についてのネガティブな噂。反論をする場も与えられず、それがいかにも真実であるかのように伝えられた。当時『おじゃMAP!!』の収録のたびに、**『この番組はみんなの態度がずっと変わらないから助かる』**——と話していた姿を、僕は一生忘れません」(制作スタッフ氏)

しかしそれは程度の差こそあれ、何も香取に限った話ではない。稲垣吾郎も草彅剛も、彼らが以前〝乗り越えて来た過去〟があるからこそ、ジャニーズ事務所を退所して合流する道を選んだのだ。

「独立騒動が勃発し、3人がジャニーズ事務所を退所するまでの間、先に辞職していた飯島さんは、何を考え、どのような受け入れ準備を整えていたのか。表向き、接触することは芸能界のタブーだとしても、両者の間に合意が成立しなければ、慎吾くんはともかく、稲垣くん、草彅くんまでもがジャニーズ事務所を退所する選択肢を選ばなかったでしょう」(前同)

それはまさしく、仰る通り。

ジャニーズ事務所で育った彼らだからこそ、ジャニーズ事務所に所属するメリットを知っているのだから。

だが制作スタッフ氏の言葉にもあるように、引き抜き工作に等しい〝3人と飯島女史の接触〟は、どのように行われ、どのような経過を辿ったのだろう。

それについてはここに、新たな証言者を招きたいと思う。

飯島女史とは〝いつでも連絡が取れる〟と語る、貴重な人物だ(※仮に〝K氏〟としよう)。

プロフィールも明かせないが、彼は――

「なぜ3人が彼女を選んだのかがわかると、その正当性を理解してもらうことが出来る」

——と、あくまでも両者の〝コラボレーション〟こそが正しい選択であったことを知らしめたい、その一心で話を聞かせてくれるという。

「ジャニーズ事務所での飯島さんのマネージメントは、後期に進めば進むほど、偉大な存在になったSMAPを〝守る〟ことが主目的になっていったといいます。本人たちがやりたい、チャレンジしたいことよりも、その時々の地位や影響力を維持することが大切になってしまった。それはジャニーズ事務所のマネージメントルールでもあったからです」（K氏）

ご承知の通りSMAPは、不可能だと囁かれた限界の壁をぶち破り、テレビ界と芸能界の常識を覆すことで成長を続けて来たグループだ。

当時アイドルとしては異例の本格的なバラエティ番組への挑戦を皮切りに、役者、司会者、インタビュアー、芸術家……などなど、あらゆるジャンルに進出。

そしてその活躍が、アイドル歌手としてのSMAPに反映されていった。

「その節目節目に、彼らは〝コラボレーション〟によって大きくなって来ました。たとえば『夜空ノムコウ』でアイドルからアーティストとして認められるようになったのも、スガシカオとのコラボレーション。単なる〝歌い手と制作者〟の関係ではなく、イコールパートナーとしてコラボレーションしたからこそ、音楽史に残る作品になったのです。それはSMAP最大のヒット曲『世界に一つだ

けの花』も同じです」(K氏)

なるほど、見えて来た。

つまり〝新しい地図〟とは外部を含めたコラボレーションの場で、3人とCULENの関係を〝コラボレーション〟だとするのは、決してジャニーズ事務所へのエクスキューズではなく、その言葉通りの活動を目的としているからなのだ。

「飯島さんは3人と**〝これから何をやっていきたいか〟**――を徹底的に話し、彼らがジャニーズ事務所を退所するまでの間に、それを叶えられる体制作りに走り回っていたのです。そんな彼女のスタイルに共感し、〝コラボレーションに加わりたい〟とジャニーズ事務所を飛び出した者、大手広告代理店を飛び出した者、民放キー局を飛び出した者がイコールパートナーに加わった。それが新しいCULTUREとENTERTAINMENTを生み出す〝CULEN〟。飯島さんと3人が〝本当にやりたいことをやる〟――そんなコラボレーションになるでしょう」(K氏)

もしかしたらそれは、マネージメントの常識を覆すだけに留まらず、形そのものを変えてしまうかもしれない。

浪花節のごとく「世話になった恩人を裏切れない。だからついて行く」気持ちが3人になかったとは言わないし、現にそれに近い発言もしている。また、ここまで環境を整えてくれるマネージャーには、二度と巡り会えないかもしれない。

しかしそれ以上に——

『この人、いやこの人たちと仕事をしていけば、ずっとワクワク、ドキドキしていられるんじゃないだろうか？ ずっと、面白そうな仕事を続けられるんじゃないだろうか？』

——という純粋な好奇心が勝っている、優先しているとは考えられないだろうか。

私は断然、こちらの意見を支持したい。

なぜならばそんな彼らは、きっと見る者も同じ気持ちにさせてくれるに決まっているからだ——。

第3章

稲垣吾郎の描く地図

稲垣吾郎の〝変化〟

ここ5年ほどの稲垣吾郎を知るＴＶマンたちは、特にここ半年間の稲垣について、一様に——

「吾郎ちゃんはビックリするぐらい明るくなった」

——と口を揃える。

「まあ、最初の頃というか変化に気づいた夏頃は、むしろ〝強がっているんじゃないか〟と思っていました。すでにジャニーズ事務所からの退所が発表されていて、ウチの番組もいつまで続くのかわからない状態。現場の空気を澱ませてはいけない、気を遣っているのだろう……と」

話してくれたのは、ＴＢＳ系『ゴロウ・デラックス』制作スタッフ氏だ。

「中には吾郎ちゃんのことを〝澄まし屋〟などと勘違いしている人もいますが、実際には自分から余計なことをしゃべらないだけで、常に僕らスタッフの気持ちを読み取ろう、汲み取ろうとしてくれる優しい人です。だからこそ、自分がジャニーズ事務所を退所することを心配している、もし番組が終わったら……と落ち込む僕らを励ますため、道化役を買って出てくれているのだと思ったんです」（『ゴロウ・デラックス』制作スタッフ氏）

しかし、それが「どうも違うようだ」と気づかされたのは、実際にジャニーズ事務所を退所する9月8日が迫る、8月最後の収録日だったという。

「この頃、〝9月一杯で打ち切りになるのか、それとも年内一杯は続くのか〟……対外的にはどんな憶測が流れていたのかは知りませんが、局内ではその2択しかないとみんな決め込んでいました。ところが吾郎ちゃんは収録中の僕らを見て、『**みんなおかしいよ。そんな心配してる場合じゃないから**』――と、奇妙なことを言い出したのです」(前同)

果たして稲垣は「そんな心配してる場合じゃない」を、どんな意味で使ったのだろうか。

場合によっては「もう終わる番組の心配をするなよ」と聞こえなくもないのだが……。

「すると満面の笑みで、『**今は言えないけど来月にはわかるから。もっと面白いことをするからさ**』――と言うんです。そうか、吾郎ちゃんが明るくなったのは、自分の未来に〝何らかの光が射したからなんだな〟とわかりました」(前同)

それが稲垣吾郎、草彅剛、香取慎吾の3人が立ち上げた〝新しい地図〟のことだと、制作スタッフ氏らは1ヶ月後に知ることになる。

「そのニュースから少し経ってから収録があったんですけど、その時に吾郎ちゃんから『**ファンクラブ入った?**』――と言われたのでその場で入会したら、もうすぐ10万人に届きそうなぐらいの会員番号だったんです。それを見て『**すごい！ すごい！**』と子供のようにハシャぐ吾郎ちゃんを見て、〝本当に明るくなったな〜〟と、また驚かされました」（前同）

さらにこの日、稲垣から――

『**これからは自分で営業しないとね**』

――と本気か冗談かわからない言葉で食事に誘われたスタッフたちは、そこでさらに意外なセリフを聞かされたそうだ。

「こちらからはあえて〝新しい地図〟のことを尋ねずにいたのですが、いきなり吾郎ちゃんのほうから、『**このところずっと、剛くんと慎吾くんと仲良しなんだよね〜**』『**やっぱり3人で打ち合わせることも多いからよく顔を合わせるんだけど、会うたびに仲良くなる感じ**』――と、嬉しそうに話すんです。そんな吾郎ちゃん、これまでに一度も見たことがありません。でもグループではないにせよ、3人で公式サイトを立ち上げたのですから、仲が良いに越したことはない。吾郎ちゃんのそんな表情に、なぜか僕らも嬉しくなりました」（前同）

その後、『72時間ホンネテレビ』をきっかけにTwitterとアメブロのアカウントを開設すると、稲垣は草彅や香取と〝さらに仲が良くなった〟ことを示すツイートやブログを投稿する。

「僕らは吾郎ちゃんの過去、すなわちSMAP時代と比べてどうこうなんて、そんな野暮なことは言いません。ただ、今の吾郎ちゃんは自分たちが知る史上、最も明るく、最も楽しそうな表情をしている。それ以上でも、それ以下でもないんですよね」（前同）

草彅剛、香取慎吾と――

『会うたびに仲良くなる』

――と言う稲垣吾郎。

そのセリフを聞けただけで、他にはもう何もいらないではないか。

訪れた〝転機〟

夕刊スポーツ紙〝東京スポーツ〟1面に連載中の、ビートたけし『本紙客員編集長・ビートたけしの世相斬り』。その11月最終週の連載を見て、苦笑いを浮かべた方も多かったのではないだろうか。

なぜならそこには、1面にデカデカと――

『元SMAPの3人は再分裂する!』

――と記されていたからだ。

「たけしさんは11月16日深夜にオンエアした『ゴロウ・デラックス』のゲストで、吾郎ちゃんに真剣なアドバイスを贈ってくださったんですよ。また収録の合間にも、2人は前室でジックリと話し込んでいました。要するに僕らは、たけしさんのことを〝味方〟だと思っていた。そのたけしさんが吾郎ちゃんについてネガティブな予測を立てたので、結構残念な気持ちにさせられました」

TBS系『ゴロウ・デラックス』制作スタッフ氏は、そのゲスト出演時、東京スポーツの連載は

〝口述筆記〟だとビートたけしから聞かされていた上で、こんなエピソードを話してくれたのだ。

「たけしさんも、たけしさんの話をまとめたライターも、吾郎ちゃんたち3人が〝グループで活動していく〟と勘違いしているようです。肝心の〝再分裂〟の内容は〝3人が2対1に分かれる〟とか〝1人ずつ好きなことをやる〟——とか、新しい地図はそういう活動を行っていく場だと、そもそもご存知ではなかったようです。あくまでも3人は、個人個人の活動をしていくわけですから」

（制作スタッフ氏）

そこまでビートたけしの事情をわかっているのであれば、特に目くじらを立てるほどのこともあるまい。

「それはさておき、吾郎ちゃんは、たけしさんとしばらく2人だけで話し込めた、貴重な体験をしましたよね。しかも相手は、お笑い芸人のビートたけしでも映画監督の北野武でもなく、作家のビートたけしとして向き合ってもらえた。たけしさんが作家でいる時間は短いので、吾郎ちゃんと同じ経験をしている人はなかなかいないと思います」（前同）

11月16日（木）の深夜、10万部を突破している純愛小説『アナログ』の著者として『ゴロウ・デラックス』に登場したビートたけし。

物語ではプラトニックラブの居心地の良さ、素晴らしさを書き上げたと胸を張る。

「それまでにたけしさんが出版した本は、さっきの東スポと同じく口述筆記の本ばかり。1冊分の言葉は数時間しゃべり続ければ間に合うレベルだそうです。でも自分で書いた今回は、丸1ヶ月かかったとか。カメラが回っていないところでは、『**効率が悪い。時給にしたら何十円ぐらいにしかならないだろ**』——などと、たけしさんはわざと毒づいていましたね。純愛小説なので照れ隠しだったのだと思いますけど（笑）」（前同）

そんな〝小説家〟ビートたけしに、稲垣はどう接していたのだろう。

「吾郎ちゃんは前室で話を聞いた時、たけしさんの執筆過程についても興味津々で尋ねていました。すると『**脚本は言葉が足らない部分、あえて言葉を入れない部分を画《え》で表現することが出来る。でも小説は、あくまでも言葉で表現するしかない。奇抜なストーリーや構成、オチなんかを思いつくよりも、画の代わりになる言葉を何種類持っているかが勝負**』——と話すたけしさんのセリフに対し、吾郎ちゃんはすぐに『**〝愛している〟を何ヵ国語で言えるか……みたいな発想も出来ますよね**』——と返していました。吾郎ちゃんは読書量が多い分、画の代わりになる言葉ではなく、映像を作る際の構成力や演出力に通じる感性を求めているようでした」（前同）

番組ではビートたけしに、独立を〝転機〟と捉え、進化の過程にするために——

『あればあっただけ。いっぱいあったほうが良い』

——と勧められていた稲垣吾郎。

「転機があるということは、それまでの自分からの変化と成長。〝**だから転機はたくさん迎えるべきだ**〟というアドバイスでした。収録が終わった後、吾郎ちゃんは『**でも言われてみれば、何の成長もしていない人間に転機が訪れるわけないもん**』——と、たけしさんのアドバイスに納得の様子でしたね」（前同）

ビートたけしの言葉にあるように、独立という〝転機〟を迎えた稲垣吾郎。

この転機を〝成長〟と捉え、どう活かしていくのか。

それは、これからの稲垣自身にかかっているだろう——。

〝新しい稲垣吾郎〟へのチャレンジ

『72時間ホンネテレビ』最終日となった11月5日、稲垣吾郎の壮大な個人企画として制作されたのが、架空結婚式を行う『もしもの結婚式』だった。

「架空とはいえ結婚式を行うわけですから、そこには相手がいなくてはなりません。しかし現在交際中の相手がいない稲垣くんに、友人や知人などの心当たりから探させるのは面白くないし、ヤラセそのもの。さらに花嫁役のタレントをブッキングするのは、あまりにも簡単すぎてつまらない。せめて疑似恋愛の過程も追いかけたいね……となると、稲垣くん自らがナンパをして、〝架空の結婚相手を連れて来るしかないんじゃない？〟――という話になったわけです」

話してくれたのは『72時間ホンネテレビ』に企画ブレーンとして参加した、人気放送作家氏。

しかしそもそも、なぜ稲垣は架空結婚式を挙げなければならなかったのか。

「企画のスタート地点は、藤田社長の『**ジャニーズにいたら絶対に出来ないことを一つはやりたいね**』――のセリフでした。それで会議に参加していたスタッフの間から、〝やっぱり結婚じゃないか？〟の声が上がったんです」（人気放送作家氏）

しかし結婚といえば、ＳＭＡＰ、ＴＯＫＩＯ、Ｖ6と年長グループには1人ないし2人の既婚者がいるし、近藤真彦、東山紀之もそうだ。

ちなみに2年ほど前、ＴＯＫＩＯ・国分太一の結婚に際し、ジャニー喜多川氏の「適齢期になったら結婚すべき」発言が飛び出したが、そのセリフを鵜呑みにしたメンバーはまだいない。

「ただし、〝結婚はあっても、これだけはないだろうな〜〟とみんなの意見がまとまったのが、〝披露宴の生中継〟です。ファンに生々しい姿を見せつける披露宴の生中継は、ジャニーさんが許すわけがありませんから」（前同）

確かに〝披露宴の生中継〟は、結婚という〝現実〟をまさにファンの目の前に突きつけてしまうことになる。

「そして披露宴を行うのであれは、基本的には〝年長者の稲垣くんが相応しいだろう〟――とまとまったのが、架空結婚式企画から新郎を決めるまでの簡単なプロセスです。後は稲垣くん本人が、どこまで本気でナンパをしてくれるか。ちなみに企画を受けるかどうかは、『72時間ホンネテレビ』の企画がスタートした時、３人から〝絶対に断らない〟言質を取っています。それが逆に、極限まで無茶をさせられない意識に繋がりましたけどね」（前同）

司会は産休から復帰し、フリーアナとして最初の仕事になる紺野あさ美（元テレビ東京アナウンサー)。

招待客はこの〝お遊び〟をバズらせるため、人気ブロガー、人気ユーチューバー、人気インスタグラマーを多数招き、主賓扱いでヒロくんの姿も。

イヤらしい話、この企画だけにかけた予算で軽く〝ウン千万円〟だったらしい。

「残る課題は新婦役のナンパでした。稲垣くんをまったく一人で野に放つわけにもいかないので、盛り上げ役とボディーガード役のスタッフも当然帯同。そういえば一般の通行人で、SNSにヤラセ現場の目撃情報を上げられた方もいらっしゃったようですが、〝稲垣吾郎に何かあったら、アナタが責任を取ってくれますか?〟と、逆に問い詰めたい気分でした(苦笑)」(前同)

番組の打ち上げで稲垣は少し興奮した様子で――

『ナンパなんかしないから、女性に声をかけること自体、中学生の頃以来に緊張したよ。あの頃は女性ではなく、〝女子〟相手だったけどね(笑)』

――と、ウィットに富んだトークで周囲を笑わせていたらしい。

「でもヒロくんの**『吾郎は女性に対して優しすぎる。自分ばっかり我慢しすぎちゃう。相手の甘え**

を許しすぎちゃう』――という性格分析には、『**そうやっていつも説教されてるから**』……と頭を掻いていました。稲垣くんは、『**こうやって才能のある面白いスタッフさんたちと仕事が出来ることが、今の一番の楽しみだよ**』――と、しみじみ語っていたので、本番の結婚式はいつになることやら……」

（前同）

事務所から独立し〝転機〟を迎えた稲垣がチャレンジした今回の『もしもの結婚式』。

これからも稲垣は、ＳＭＡＰ時代には出来なかった企画にチャレンジしていくことで〝新しい稲垣吾郎〟を見せてくれるに違いない。

稲垣が打ち出した〝自らの方針〟

「今思えば、当日になってからファンクラブ会員に告知があったのは、いくらMXテレビの番組とはいえ、情報が漏れてジャニーズ事務所から横槍が入ることを危惧したからでしょう。あの日の吾郎くんが、3人の中で最初のテレビ出演。それも生放送ですからね。万が一にも出演直前に〝今日の話はなかったことに……〟なんて言われたら、吾郎くんたち3人のショックは計り知れません。あらゆる危険性を事前に排除するのが、コラボレーションパートナー・CULENの役割ということです」

TOKYO MXテレビが誇る、夕方の人気番組『5時に夢中!』。

MC・ふかわりょう、アシスタント・上田まりえのコンビに、マツコ・デラックス以下、岩下尚史、美保純、江原啓之、岩井志麻子らの超個性派コメンテイターが日替わりで絡む、予測不可能バラエティだ。

その10月24日の生放送に、〝新しい地図〟を設立してから初めての生放送ゲストの出演オファーが、『5時に夢中!』から稲垣吾郎のもとに舞い込んだのだ。

「同じ時間帯の民放キー局が横並びでニュース番組を放送する中、独自の視点で話題を取り上げ、まさに〝我が道をいく〟の言葉が相応しい番組。昔で言うUHF局のMXテレビですが、『5時に夢中！』のお陰で認知度を飛躍的に上げました。あのマツコさんがいつまでもレギュラーから退かないところを見ても、居心地の良さは抜群ということです」

そんな話をしてくれているのは、仕事上はMXテレビとは無縁だが、時間がある時は出来る限り『5時に夢中！』を見ているという、人気放送作家氏。

ちなみに稲垣が緊急生出演をした10月24日、この日のコメンテイターは稲垣とは旧知の仲の岩下尚史。

人気放送作家氏はスラスラと「岩下さんは新橋演舞場の企画室長まで務めた方で、今の肩書きは作家さんであり、伝統文化の評論家さんでもあるんですよ」と解説してくれた。

「吾郎くんもあの年令と見た目からは想像がつかないぐらい、文化的な知識を豊富に持っています。だから岩下さんとの組み合わせをすごく楽しみにしていたのですが、ゲストの吾郎くんをドッシリと受け止めてくれるどころか、むしろ緊張して上手くネタを引き出せなかった。ことテレビというメディアにおいては、吾郎くんの経験が圧倒的にモノを言ったということです」（人気放送作家氏）

当日の稲垣は無精髭を蓄え、生放送スタジオの小規模ぶりにカルチャーショックを受けながらも、アダルトビデオを「見たことがある」など、ざっくばらんなトークで盛り上げてくれた。

しかし、しかしだ。

果たしてこの日、稲垣が『5時に夢中!』の生放送に出演したメリットはあったのだろうか?

「いろいろな皆さんに、まずはそれを聞かれますね。〝あのクラスの超有名タレントが、何でお前の局の番組に出たんだ?〟——と。そう言われても、むしろアプローチして来たのは、あちらですよ」

(MXテレビ幹部氏)

稲垣は〝新しい地図〟での打ち合わせで——

『しばらくは何でもやってみたい。〝稲垣吾郎がこんなことやってるんだ。面白そうだよ〟って言わせてみたい』

——と、自らの方針を打ち出したそうだ。

しかし、そこで〝MXテレビ〟の名前が出て来たのは、さすがに意外だった。

これも3人の活動を、今までのジャニーズ事務所とは違った観点でサポート(コラボレーション)するCULENの〝新しい地図〟に対する活動方針の一環なのだろう。

さらに稲垣自身――

『**これからは、より細かいところに目が向くように、自分の好奇心を追求する**』

――と、今後の方針を打ち出しているという。

これからも稲垣は、誰もが〝アッと驚く〟場や番組に出演するかもしれない――。

稲垣が予言した〝ムーブメント〟

実は意外にもマスコミの盲点になっているのだが、稲垣吾郎は自身が冠番組を持つ文化放送ラジオのフリーペーパーに登場するにあたり——

『これ、僕らが始めるインターネットよりも話題になるかもしれない』

——と、予言めいたセリフを残していたそうだ。

フリーペーパーの配布日は『72時間ホンネテレビ』のわずか3日前。直後に3人がインターネットのSNSを始めることを前提にしても、だ。

「私たちの『フクミミ』（※フリーペーパー名）をそこまで評価してくださるとは、逆に申し訳ないほど恐縮です。ただ、スマホさえあればどこでもチェック出来るSNSと、配布される場所に出向いて手に入れなければ始まらないフリーペーパーとでは、どれほどえこ贔屓してもSNSには圧倒的に敵いません」（文化放送広報関係者）

その稲垣がインタビュー記事に登場したフリーペーパー『フクミミ』は、文化放送が毎月30日に発行、配布しているもので、一部を除く都営地下鉄各駅に置かれていた。

主な内容はパーソナリティーのインタビュー、翌月の番組情報、イベント情報など。いわゆる、よくあるタイプのフリーペーパーだが、これまで稲垣は『フクミミ』とはまったく縁がなかったのだ。

「それは不思議な話でも何でもなく、これまでは当然のように〝古巣〟から出演ストップがかけられていたのだと聞いています。ハッキリ言ってギャラは出ないも同然だし、古巣のジャニーズに〝まさかそれ、SMAPクラスの仕事じゃありませんよね?〟と言われたらオシマイ。おそらくは稲垣くん以外のジャニタレも、同じような扱いだったと思いますよ」

文化放送で若者向けの番組を担当する重鎮放送作家氏は、「ここだけの話だけど……」として、

「そもそも社長の月例の定例会見で増刷を発表し、広報担当は〝ファンの方が多く求められるので〟と、自分の会社が金を出して稲垣くんのファンにアピールするとか、文化放送サイドはやらなきゃいけないことの方向性が間違っている」

——と手厳しい。

「通常は3万部を刷っているところ、5万部に増刷したといいます。増える予算は紙代とインク代ですが、いつもは300部ほどで足りる郵送配布も、今回は4,000部を越える申し込みがあった

とか。何から何まで稲垣くんのためにお膳立をしたのです」（重鎮放送作家氏）

現在は『編集長 稲垣吾郎』のタイトルだが、かつての『稲垣吾郎のSTOP THE SMAP』から換算すると、2018年4月で6周年を迎える。

その間、稲垣は『フクミミ』には一度も登場していない。確かにタイミング的にも、稲垣が『フクミミ』のインタビューに答えるのは〝ここしかなかった〟かもしれない。

「でもここまで事情をお話ししても、まだ稲垣くんが**『僕らが始めるインターネットよりも話題になるかもしれない』**――の意味がわからないんですよねぇ」（前同）

それについての稲垣の答えは、ごくシンプルなものだった――。

『インターネットは便利だし、今の時代を生きる人には何よりもお手軽。でも人間ってさ、自分が好きなことに対してはある程度の不自由さを感じないと、本気で好きになれない動物なんだよね。だから僕のインタビューを読みたくて、『フクミミ』を探すために都内を走り回ってくださった方のほうが、実はムーブメントを起こすに相応しいと思う。ただそれだけの直感だよ（苦笑）』

その稲垣の言葉を立証するかのような出来事が、実は広報セクションで起こっていたという。

それは『フクミミ』の配布を始めてから、今回初めて読者から感謝を記した葉書が１００通以上届いたことだ。

『フクミミ』紙面の稲垣インタビューを読み、「よくぞ掲載してくださいました！」と綴られた感謝のメッセージ。

本当に好きだからこそ、本当に感激したからこそ、謝意を伝える手間をいとわない。

稲垣吾郎の言う〝ムーブメント〟は、確かに起きていたのだ――。

稲垣吾郎の意外な〝素顔〟

〝甘えん坊〟

これが稲垣吾郎の魅力だと断言するスタッフがいる。

かつて『SMAP×SMAP』を担当していたフジテレビ制作部ディレクター氏は、

「一見、吾郎ちゃんは一番誘い難いように見えるんですけど、実は収録が終わった後、僕らのほうから〝軽く飲みに行かない?〟と、声をかけたくなるような、そんなスキを見せてくれるんですよ。もちろん、そのスキを吾郎ちゃんはちゃんと自分で作っているわけです」

――と、振り返る。

「世の中には自分自身にスキを作る、スキを演出する天才がいて、そういう人は人生でもの凄く〝得〟をして生きています。たとえば今お話ししたような〝誘いやすいスキ〟もその一つだし、誤解されるかされないかのギリギリで、いっつも恩恵を授かるのがその天才たち。断言しましょう!

吾郎ちゃんが天才だということを」（制作部ディレクター氏）

確かに彼の言う通り、なぜかいつも得をして生きている人間がいる。しかもだいたいの場合において、その人間はルックスをはじめとして、さほど秀でた部分もなく、なぜ得をするのかが解明されることはない。

「それは一般人だからで、逆に言えば得をするレベルも〝よく食事をオゴってもらえる〟〝男同士だけどタクシーで送ってもらえた〟など、失礼ながら大した話ではないことが多い。でも吾郎ちゃんがその天才ぶりを最も発揮したのは、今回の独立劇だったのです」

ディレクター氏が「今だから明かせますが……」と話してくれたのは、これまで巷間で囁かれていた舞台裏を覆すものだった。

「まず僕と飯島さんの間に、もう一人の人物がいることを覚えておいてください。つまり僕の耳に入って来た話は、その人物経由だということを」

かなりの後期まで番組スタッフを務めていた彼は、2016年1月に退職している飯島女史から直接話を聞くことは困難。その間にクッションがあったからこそ、話が聞けたということか。

「飯島さんの事務所に、まず最初に合流する意思をみせたのは、何と吾郎ちゃんだったのです」

世間のSMAPファンは、香取が飯島女史を母親同然に慕っていると思っていた。

それはあながち間違いではないのだが、稲垣の〝甘えん坊気質〟〝天才的なほっとけない気質〟のほうが、より早く飯島女史が差し出した手を握っていたということだ。

それは稲垣自身、2016年のSMAP生謝罪事件の後、ハッキリと――

『飯島さんがいたらこんなことはさせられなかったし、最後まで僕らを守ってくれたよね』

――の一言を、フジテレビのスタッフにぶつけていたのだ。

「そんな吾郎ちゃんを、逆に飯島さんが手離すわけがありません。2017年6月、3人がジャニーズ事務所に対して進退を明らかにした時も、吾郎ちゃんは**『もうずっと前から決まってたから。この先も変わらない』**――と、ツヨポン、慎吾ちゃんの3人で決起集会まで開いたそうです」（制作部ディレクター氏）

これは別のルートから耳に入ったエピソードだが、中居正広がジャニーズ事務所に残ることを知らされた香取が激怒。

『あの人は二枚舌どころか百枚ぐらい舌があるんじゃないか?』

――とほとんど〝殴り込み〟寸前だった時、稲垣は香取をなだめるために中居に電話。誰も聞いたことがないほどの強い口調で、その場で〝決別宣言〟を突きつけた――との話もある。

「今、〝新しい地図〟の3人が毎日SNS上で楽しそうにやり取りをしているのを、中居くんや木村くんはどんな顔をして眺めているのでしょうね」(前同)

甘えん坊かつスキを演出する天才のクセに、実は誰よりも義理固く、男気もある。

稲垣吾郎のパブリックイメージとはずいぶんかけ離れているかもしれないが、だからこそ彼の〝本当の素顔〟――なのだ。

3人の地図

稲垣吾郎の言葉

【稲垣吾郎の言葉】

『これで終わりだと思うのか、これからが始まりだと思うのか、どっちも自分次第』

2016年、突如勃発した〝SMAP独立騒動〟。その際に「慎吾は打たれ弱いから」——と心配する稲垣吾郎が香取慎吾に伝えた一言。それは香取に渦中を乗り越える〝力〟を与えてくれる一言だった。

【稲垣吾郎の言葉】

『自分が人に何かを与えたことは記憶から消しても、
人から受けた恩は決して忘れない、
そんな男に僕は憧れるんですよ』

独立騒動の裏側を尋ねられた稲垣吾郎が、比喩を交えて明かした本心。
〝受けた恩は忘れない〟それが彼のプライドでもあった。

【稲垣吾郎の言葉】

『僕は自分がやること、選んだ選択に後悔することはないんで、僕をよく知っている人は無関心を装っていました』

独立騒動の最中、プライベートの友人たちの接し方に「感謝している」と語った稲垣吾郎。そんな稲垣の信条は〝自ら選んだ選択に後悔しない〟こと。ＳＭＡＰ解散後の稲垣も決して後ろを振り返らず、前を向いて歩んでいる。

【稲垣吾郎の言葉】

『人間、余計な物を持つのをやめれば、荷物の重さから解放されて身も心も軽くなる』

SMAPというスーパーグループの重さから解放された稲垣吾郎は今、身も心も解き放たれて、自由に新たな道を歩み出した。

【稲垣吾郎の言葉】

『このままのスタイルを貫き通すよりも、
恐れずに前に出てみよう。
仮に玉砕したとしても、
それはそれで〝アリなんじゃない？〟って、
今の自分なら思える』

独立問題に揺れていた当時の稲垣吾郎が語った言葉。恐れずに前に出た稲垣は〝新しい地図〟を描き始めている。

【稲垣吾郎の言葉】

『〝ずっとこの人とつき合っていきたい、この人がいると人生が楽しい〟——と周囲に思わせる人が困っていたら、頼まれなくても助けたくなるでしょ？』

「自分はずいぶんと周囲に助けてもらった」と言う稲垣吾郎。そんな稲垣が語る、助けてもらえる人ともらえない人の境界線。それは驚くほど単純な真理と正論だった。

【稲垣吾郎の言葉】

『あの時の自分に言ってやりたいね。
ごちゃごちゃ考えるよりも、まず体を動かせ。
疲れてヘトヘトになるまで動かせば、頭の中もまっさらになる。
前に進みたければ、物事を考えているだけの自分に満足しない
ことだ――って』

かつて稲垣吾郎は、頭の中に〝芝居を描く〟ことで、役者としての自分に満足していた時期があったという。〝前に進みたければ、考えるよりまず行動〟――考えているだけでは何も解決しないことを、稲垣は身をもって知ったのだ。

【稲垣吾郎の言葉】

『悔いが残らないと言えば嘘になるよね。
結局、僕らは彼に一度だけでも〝戻る場所〟を
用意してあげることが出来なかったんだから』

幻のSMAP25周年ツアーには、実は驚きのビッグサプライズが隠されていた。20年前に脱退したオートレーサー・森且行の、たった一夜の復活。誰よりもそれを望んでいたのが稲垣だった。そして稲垣、草彅、香取の3人は『72時間ホンネテレビ』で、念願だった森との共演を果たす。

【稲垣吾郎の言葉】

『最近、また本気で挑めるバラエティ（番組）に出たいな〜って考えちゃうんですよ。
他人を傷つけない、工夫が利いてる、僕でも目立てるチャンスがある。
そんなバラエティがあったら、バンバン呼ばれてみたい』

ソロ活動をきっかけに「バラエティでも新境地を開きたい」と意欲的な稲垣吾郎。身軽になった稲垣がこれから、予想もしないような意外な番組に出演することもあるだろう。

【稲垣吾郎の言葉】

『昔の約束とか公約とか、忘れてもいいヤツはどんどんと忘れ去ったほうがいいね。下手に覚えてると、何か過去に縛られてるみたいだから』

〝人生には適度な忘却が必要〟——と言う稲垣吾郎。過去に縛られるぐらいなら、いっそ忘れてしまったほうがいい。〝未来〟という前に進むために。

【稲垣吾郎の言葉】

『むしろ今までずっと出来なかったこと、
そんな新しいチャレンジに挑める良い機会にすれば
いいんじゃない？』

ＳＭＡＰ解散を機に稲垣吾郎が親しいスタッフに語った言葉。稲垣には迷いはない、すでに前を向いて自らの歩むべき道をしっかりと見据えていた。

第4章

草彅剛の描く地図

草彅剛の〝悩み〟

「サントリーのCMに自分だけが起用されなかったこと、剛くん本人はまったく気にしていないそうです。いやむしろ『こんなにめでたいことなのに、逆に僕に気を遣ってお祝いしないのはやめてよ。だってゴロさんと慎吾のことだから、僕だって自分のことのように嬉しいに決まっているじゃん!』――と、誰よりも先に稲垣くんと香取くんを祝ったと話していました。でもさすがにノンアルコールとはいえ、〝ビール〟の文字があると許してもらえませんでしたね」

本書の別項でも触れているが、2017年11月末に明らかになった稲垣吾郎と香取慎吾の新CMには、なぜか草彅の姿を見つけることが出来なかった。

いや〝なぜか〟ではない。その原因はもちろん、草彅が起こした泥酔公然わいせつ事件だったのだから。

「でも事件を起こしたのは2009年。2人のCMが始まる2月から少し経つと、もう丸9年の月日が流れることになります。もちろん、だから風化しても構わない、忘れても構わないとは言いませんが、あえて酒類のCMに起用することで、逆説的に〝風化させない戒め〟にならないかな~とも思ったのですが、それはいくら何でも剛くんが可哀想ですね」

草彅剛とはテレビ朝日系『「ぷっ」すま』を通して10年以上のつき合いだと語る制作スタッフ氏は、

「とにかく剛くんは『72時間ホンネテレビ』が始まる直前ぐらいから、**『みんなには言えないけど大丈夫なのかな。でも誰にも聞けない』**——と、一人で悩んでいたんですよ」(『「ぷっ」すま』制作スタッフ氏)

それは何気ない、『「ぷっ」すま』スタッフのセリフだったという。

「僕もそこまで酷い話は聞いていませんでしたが、要するに〝新しい地図〟の3人を『72時間ホンネテレビ』に使うことで、〝テレビ朝日の上層部とＡｂｅｍａ ＴＶの上層部が大喧嘩をした〟……という話です。〝3人を降ろせ、降ろさない〟で大モメしたので、何らかの結果を『ホンネテレビ』で残さないと『「ぷっ」すま』も春に終了する——と。そんな話を番組スタッフから聞いた剛くんが一人で頭を悩ませていたんです」(前同)

そして草彅は11月末、角南源五テレビ朝日社長の定例会見での発言内容に、ようやく胸を撫で下ろすことが出来たのだ。

「これまではサイバーネットの藤田社長のラインで、テレビ朝日の上層部からは早河会長のコメントしか出て来ませんでした。それが、11月28日に行われた角南社長の定例会見で、『ホンネテレビ』について〝大きな話題になった。今後に繋がる収穫になった〟と発言。さらに平城隆司常務も〝新しいユーザーを獲得した。今までは男性に強かったが、若い女性がユーザーとして訪れてくれた〟――と、こちらも歓迎の意を示したのです」(前同)

これはテレビ朝日が「完全に味方についた」とは言わないまでも、〝新しい地図〟の存在を認め、友好関係を継続したい意識の表れ――と、テレビ界では受け止められた。

「当面『「ぷっ」すま』が終了する心配もなさそうですが、しかしジャニーズ事務所は『ホンネテレビ』以降、サントリー、朝日新聞、そしてテレビ朝日と事実上の3戦3敗、3連敗を喰らってしまった。さすがにこのまま引き下がると思いませんし、マスコミの忖度も続くでしょう。だから次の勝負のために、剛くんにはもっと頑張ってもらわないと」(前同)

しかしながら当の草彅自身は――

『やだよ。仕事はケンカじゃないんだから』

――と、周囲の声をのらりくらりと交わしているらしい。

「でも僕は知っています。稲垣くんと香取くんの新しいＣＭを心から喜べる仲間想いの彼は、その仲間を守るためなら、誰よりも力を発揮することを」（前同）

２０１８年のキーマンは草彅剛。

私だけではなく、皆さんもそう感じているのではないだろうか。

その草彅がどんな活動をし、どんな方向性を示してくれるのか、それが〝新しい地図〟の今後にも大きな影響を与えるはずだ。

ユーチューバー草彅

稲垣吾郎がアメブロ、草彅剛がＹｏｕＴｕｂｅ、そして香取慎吾がＩｎｓｔａｇｒａｍ――3人、それぞれの発信力を活かしたＳＮＳ戦略がスタートしたわけだが、実は某ＩＴジャーナリストに言わせると、

「この中では〝化ける〟可能性があるのは、ユーチューバーを選択した草彅さん。なぜならＹｏｕＴｕｂｅには再生回数による広告収入が発生するので、草彅さんのネームバリュー、順調に増えるチャンネル登録数を考えると、アップする動画の内容や本数次第ではありますが、ユーチューバーとしての年収が2～3千万円に届くこともまったく夢ではありませんから」

――だそうだ。

「ただし一般人の方が広告収入を目当てにユーチューバーとしてデビューしても、すぐに現実に気づきますよ。まずアップした動画が100万回再生されたとしても、平均的な広告収入は2～5万円程度です。年収1億円を超えるユーチューバーたちの再生回数は、それをベースに割り出してみればおわかりかと思います」（某ＩＴジャーナリスト氏）

先にお断りしておくが、芸能人や人気ユーチューバーは広告収入の%が優遇されているので、100万回再生で3万円の〝アベレージモデル〟で考えてみよう。

まず3万円は1億円の3333分の1、そこに3万円がもらえる100万回再生をかけると、弾き出された再生回数は33億回再生になる。

「そう考えると、とてもじゃないけど不可能に思えますよね。でもYouTubeは、それこそ地球上の人口70億人全員の目に触れる可能性がある。だから自分がまったく予期していなかったところで、突然、再生回数が増えることもあるんです」（前同）

ところで11月2日に〝ユーチューバー草彅〟としてデビューした草彅剛は、ほぼ1ヶ月後の11月末の段階で、どれほどのチャンネル登録者数を増やし、再生回数を増やしているだろう。

11月30日正午の時点で、彼のチャンネルを覗いてみた。

すると――

チャンネル登録数 621，480

さらに同時刻、ユーチューバーの生命線でもある動画の再生回数をチェックしてみよう。

大まかな数字ではあるが、草彅がチャンネルにアップしていた31の動画のうち、200万回再生を超えた動画が人気トップ3を形成していた。

『3人でマクドナルドに来たよ!!』（約290万回再生）

『超巨大メントスコーラに挑戦!!』（約210万回再生）

『UUUMオールスターズとハイテンション選手権しました。』（約200万回再生）

この3本の合計が約700万回再生。先ほどの100万回再生3万円のケースで弾き出す広告収入は、700÷100×3万円＝21万円。

「合計で31本も上がっていたとすると、だいたいですが、この倍、およそ40数万円の広告収入にはなる計算です。さらに言えば超新人とはいえ、そこはさすがに草彅剛さん。100万回再生で3万円よりも高い広告収入が提示されてもおかしくありません」（前同）

いずれにしても草彅がユーチューバーとして大成功を収めたいのであれば、まずは先達たちを見習い、卓越したアイデアと作品を毎日継続して投稿する、執念にも似た集中力を持たねばならないだろう。

『どうかな〜。クルミの散歩なら絶対に欠かさず継続出来るんだけどねぇ〜（笑）』

——それが草彅の反応。

何とも頼りのない気もするが、しかしこの肩の力の抜け具合こそ、ＹｏｕＴｕｂｅ史に残る傑作を生み出すかもしれない。

何にせよ、〝ユーチューバー草彅〟として新たな道を歩き出した草彅剛の今後に期待しよう。

草彅剛を〝作った〟街

六本木の東京ミッドタウンの外周を、徒歩でぐるり――。

時間をかけてゆっくりと一周するこのコースこそが、草彅くるみお気に入りの散歩コースだという。

「今年の春、生後2～3ヶ月だったくるみには、まだミッドタウンを一周する体力がついていなかったそうです。フレンチブルドッグは暑さに弱いので、アスファルトだらけの都心、しかも六本木近辺で飼うのは難しいんですけどね」

某大手テレビ制作会社プロデューサー氏は、草彅剛とは「お互いにフィフティーズの頃のアメカジやライフスタイルが好きで、よく一緒にツーリングする仲間の一人」の関係だと明かしてくれた。

「最近の彼は隠さないからバレバレなんですけど、実はもう20年近く、剛くんは六本木の周辺にしか住んでいないんです。ちょくちょく引っ越しはしているみたいですけど、窓を開けたら昨日までの部屋が目に入る距離だったり。僕が知る限り40代以下の芸能人の中では、ダントツの六本木好きだと思います。まあ50代、60代までを入れると、自然と明石家さんまさんの名前が挙がりますが」（制作会社プロデューサー氏）

いやいや、明石家さんまが好きなのは夜の六本木で働く女性であったり、合コンやアフターで使う会員制の超高級カラオケ。草彅のように、六本木の街をこよなく愛する男とは〝生きざま〟からして違う。

『六本木って、都心で唯一アメリカの匂いを感じる街。だから離れられないんですよ』

──そう話す草彅。

中学生の頃は埼玉県下から旧テレビ朝日のリハーサル棟に通い、週末はダンス漬けの青春。30年近く前の六本木は今と違い、歩いている外国人の大半がアメリカ人だった。大使館員から政府機関、企業、そして米軍関係者らが、六本木の一角に〝アメリカ〟を作っていた。

「ジャニーズ事務所も六本木にあったし、リハーサル室からスタジオ、それからもちろんテレビ朝日。六本木ヒルズを作るためにスタジオ機能が浜町スタジオに移っていた時期もあったけど、とにかく剛くんは六本木が好きだった。中でも今のミッドタウンが出来る前の、防衛庁から星条旗通りに抜ける〝六本木ツウ〟しか集まらない裏通りとかね」（前同）

どうやらプロデューサー氏の六本木の思い出には、かなり多くの場面で草彅とのエピソードが共有されているように思える。

「六本木って面白い街で、ど真ん中の六本木交差点を中心とした半径50mぐらいは、六本木に詳しくない、いわゆる田舎からようやく六本木に遊びに来ました～みたいな人のエリアなんですよ。その外側、東西南北のエリアが、10年単位ぐらいでツウが遊ぶエリアに入れ替わるんです。だからどの辺りに詳しいかがわかると、その人の六本木歴も自然にわかるんです」（前同）

青山一丁目、乃木坂に向かう北エリアに詳しい草彅やプロデューサー氏は〝20～30年選手ゾーン〟にいるらしい。

『あの狭い街でさ、そうやって一番お洒落な遊び場がグルグルと回ってるんですよ？　凄い刺激的じゃないですか！　僕はその遊び人の輪に入って来たタイプじゃなく、静かにそっと、その街に溶け込むタイプですね。カウンターの端のほうで、お洒落な人たちを眺めているだけの人見知り（苦笑）』

――そうやって草彅はジーンズやアメカジ、車、バイクといった趣味を身につけて来たのだから、〝六本木が彼を作った〟と言っても過言ではない。

『そういう大切で大好きな街に、くるみと住んでいたいんですよ。僕が子供の頃に憧れていた景色とはだいぶ変わってしまったけど、この街に刻まれた歴史や時間は変わらない。問題はくるみが、それをどこまで感じ取ってくれるかですね（笑）』

少しセンチメンタルな表情の草彅は――

『きっと一生離れられないんですよ。この街から』

――と、照れくさそうに笑った。

〝仲間で生きる〟ことの価値と意味

「剛くんは『この年になって、そんな簡単なことに気づかされる……いや、今まで気づいていなかったことのほうが驚きだね』——と言って、少し自虐的に笑っていました。でも僕に言わせるとわからないほうが当たり前だし、むしろタレントさんには余計なことを考えさせないというか、中にはメンバー同士を隔離するところもあるほど。それが普通の芸能プロダクションの手法だと思いますよ」

テレビ朝日系『「ぷっ」すま』を担当しているベテラン放送作家氏は、〝新しい地図〟が立ち上がった一週間ほど後、TVマンの間では〝深夜に腹を満たす〟ことで知られる某ファミリーレストランで、偶然にも一人で書き物をする草彅剛に出くわしたそうだ。

「まず僕が最初にやったのは、自分の目を疑うことでした。百歩譲って夜中に剛くんとバッタリと会ったとしても、それは〝ファミレスじゃないだろう〟と。先月の初めまではSMAPのメンバーで、どう考えてもファミレスにいてはいけない超有名人ですから」(ベテラン放送作家氏)

草彅は草彅で——

『**助かった〜**』

——と笑顔で近づいて来たものの、何かを思い出したかのように、

『**あっ**』

——と声を出し、慌てて席に戻ったという。

「カウンター席の上に広げていたノートを閉じ、バタバタとカバンの中に仕舞い込んでました。そして再びこちらにやって来ると、『**寂しいから一緒にいい?**』——って言うんです。もちろん僕はＯＫですが」(前同)

草彅は——

『**もしかしてこの店、有名なの⁉**』

——と、店内を見渡しながら呟く。

ベテラン放送作家氏が「まさかデ○ーズ知らないとか?」と返し、

『そういう意味じゃなくて、ギョーカイで有名なのかって話(苦笑)』

——などと会話が続いたものの、思わずベテラン放送作家氏は「めっちゃ中身ない(会話)」とツッコんだそうだ。

「剛くんはすぐに『**ホントだ〜。超薄〜い**』——と言いながら大笑いで、そこでようやく緊張がほぐれてくれたようです」

その時、ベテラン放送作家氏がふと気づいたのが、草彅が以前よりも〝ずいぶんと良い表情で笑うようになっている〟ことだった。

「番組の現場では感じたことがなかったので、やはりファミレスとはいえ〝外で会ってるからかな〟と思いました。だからそのままストレートに伝えたんです」

するとと草彅は——

『最近、もの凄く会う相手がいて、１日24時間のうち３分の２ぐらい一緒にいるんですよ。１日６時間とか７時間とか話してる相手。実はその人と一緒にいるようになってから、いろんな人に笑顔を褒められるようになりました』

――と、嬉しそうに返して来たという。

草彅を変えてくれたのは、もちろん稲垣吾郎、香取慎吾の２人だった。

〝新しい地図〟を立ち上げてから、まず自分のエゴよりも仲間の話を聞いてから動くようになった。人と人とがわかり合い、笑顔で包まれるようにするにはどうしたら良いのだろうか――。

草彅剛はいつもそんなことを考える、そんな男にいつしか成長していたのだ。

『この年になって、そんな簡単なことに気づかされる……いや、今まで気づいていなかったことのほうが驚きだね。でもありがたいのは、気づかせてくれた仲間が僕にはいること。今の僕、絶対に一人じゃ生きていけない』

——そう語った草彅。

それは稲垣や香取に対する〝依存〟ではない。

〝仲間として生きる〟という価値と意味を見出だしたということなのだ。

３人が目指す〝今後の活動〟

本書に幾度も現れるフレーズ。

それは——

『〝新しい地図〟はグループ名ではないし、グループで活動するつもりない』

——だ。

「いろいろと話を聞いてみると、最も強く主張しているのは香取くんで、冷静に〝まあ、そうだよね〟と受け流すのが稲垣くんだな～とは感じました」

『72時間ホンネテレビ』の協力を買って出た人気放送作家氏は後日、ふと——

「（そういえば草彅くんからは、活動に関する話を聞かなかったな……）」

——と、その時のことを思い出したという。

「別に〝口にしなくてもわかるでしょ？〟——のスタンスだったのか、特別、その手の話にならな

かっただけなのか、いずれにしてもどこかで会ったら、ぜひ聞いてみようと思ったんですよね」（人気放送作家氏）

そしてその機会は、意外に早く訪れる。

「正式発表前にはしゃべれないので汲んで頂きたいのですが、また新しい地図とＡｂｅｍａ ＴＶがタッグを組む話が上がっていて、その企画会議の場に3人も来ていたんですよ」（前同）

このフットワークの軽さが、ＳＭＡＰ時代と最も変わった部分だと言われる3人だが、打ち合わせ終了後、放送作家氏は草彅を呼び止め、

「新しい地図は個人の集合体で、中でユニットを作ったりしないよね？」

――と、ど真ん中に直球を投げ込んだそうだ。

するとと草彅は――

『ないと思うけど、実際にはわかんないな〜』

――と、明らかに願望を込めたセリフを呟いた。

「〝ああ、やりたいんだな〟……と、その場にいた誰もが思いましたよ」（前同）

あまりにも顔に出やすい男は、実は旧知のフジテレビスタッフに――

『自分がステージに立つ仕事をするかどうかはわからない。でも望まればやるし、その時はグループでもジョイントでもいいから、ゴロさんと慎吾に近くにいてもらいたいんですよね。やっぱり心細いし、心強いんだもん』

――と、ほぼ『音楽活動はグループでやりたい』と打ち明けたも同然の話をしていたのだ。

「それを聞いて笑っちゃいました。すると草彅くんは、**『たとえば他の、役者とか旅モノのロケとかは一人でやるんだし、音楽ぐらいは許してくださいよ』**――と、まるで言い訳するかのように今後の活動について明かしたんです」(前同)

さらに草彅は付け加えるかのように――

『役者や旅モノのロケは2人とは組まないけど、音楽は1人よりも3人のほうが音の表現力に幅が出るから』

——と、その理由も告げたそうだ。

しかしそれが2人を入れて3人になろうと、4人を入れて5人になろうと、やっていることがSMAP時代と大して変わりがないのなら、新しい地図は描けない。

「草彅くんだけじゃなく、3人にはそのセリフが一番効き目がありますね。彼らは今の時期、後ろに下がること、後ろを向いて進むことを極端に嫌っていますから。自分たちが関わることは、新しくなければ〝意味がない〟とばかりに」(前同)

新たに歩み始めた3人だけに〝新しくなければ意味がない〟と思う気持ちはよくわかる。

しかしあまりにも頑なに〝新しさ〟にこだわることで、逆に自分たちの活動の範囲を狭めてしまいはしないか。〝新しさ〟に捉われてばかりいると、自分たちが先に滅入ってしまうことにもなりかねない。

何よりも自分たちが前向きに取り組める、納得できる活動にチャレンジする——そうして〝新しい地図〟を描いていけばよいではないか。

彼ら3人が〝ユニット〟として、どんな音楽活動を展開していくのか、今から楽しみで仕方がない。

〝草彅無双〟に降臨する音楽の神様

〝お調子者〟

草彅剛の〝お調子者〟は世間一般で思い浮かぶ〝お調子者〟ではなく、ポジティブに調子に乗ると実力以上のパフォーマンスを発揮し、誰にも止められない、手に負えなくなるイメージを持って頂ければ、より正解に近いのではないか。

「アーティストではなくアスリート的な見方をする感じですかね。陳腐な例で申し訳ないのですが、バルセロナのメッシやレアルマドリードのロナウド、パリサンジェルマンのネイマールなどなど、調子に乗ったら誰も止められないストライカー。ライブで調子乗り乗りモードに入った時の〝剛くん無双〟も、全盛期の中居正広くんが『**アイツは止まんねえんだ**』――と諦めるほどでした」

テレビ朝日系『ミュージックステーション』元プロデューサー氏は、草彅剛はもちろんのこと、森且行を含めたSMAPのメンバー全員をジャニーズJr.から知る人物。

「『Mステ』が始まったのは1986年ですが、当時は僕も新入社員みたいなもので、尖ったジャニーズJr.に〝メンチ〟を切られたこともありました（笑）。でも少しヤンチャな子のほうが見ていてワクワクするし、個人的には純粋培養系は好きじゃなかったので。SMAPでいえば森くんか、いっつも森くんの後をチョコマカとついて行く割には、腹に一物溜めている雰囲気の草彅くんを、ちょっと注目しながら眺めていました」（元プロデューサー氏）

身軽で運動神経抜群の草彅は、バック転をすぐにマスターする勘の良さが売りで、余談だがその能力は、43才になった今も変わらないようだ。

「11月中旬のイベントで〝スポーツ能力測定会〟に参加した草彅さんは、イベントが小中学生対象だったのに、割とガチで測定会に参加。特に10mのスプリントスピードやジャンプ力をはじめ、走力、短持久力、スイング力などの検査結果が22才レベルを上回り、専門家をビックリさせていました」（スポーツ紙記者）

なるほど、それもポジティブなお調子に乗った草彅が発揮する〝瞬発力系の底力〟だったのだろう。

「そんな草彅くんの様々な才能を、ぜひ音楽面に広げていきたいと願っているのは、私だけではありません。少し前も彼を良く知る音楽プロデューサーと食事をした時、いわゆる草彅くんの扱い方を伝授されました。とにかく調子に乗せられるだけ乗せて、ソングライターとしての才能を開花さ

せてあげたいんですよ」(前出・元プロデューサー氏)

草彅の趣味の一つがアコースティックギターであることは知られているが、その収集癖は、今や草彅を芸能界きっての名品コレクターの地位に押し上げた。

もちろんギターは値段だけではないが、それなりの値段の楽器は大切に、愛でるように使うのが音楽好きの典型タイプ。

草彅はまさにその〝音楽好き〟の典型タイプだ。

『音楽は1人よりも3人のほうが音の表現力に幅が出るから』

彼ら3人は、これからどんなスタイルの音楽を発信してくれるのか。

〝新しい地図〟から発信される音楽は、また〝その先の地図〟に繋がっていくかもしれない。

そのためにも草彅の調子をてっぺんまで上げ、音楽の神様の降臨を待つとしよう——。

3人の地図

草彅剛の言葉

【草彅剛の言葉】

『SMAPが解散したら、俺どこにベースを置けばいいのかな』

草彅剛は〝自分がSMAPの中で最も平凡〟だと自覚していたという。そんな草彅だけにSMAPの〝商品価値〟についても一番よく理解していた。しかし今、草彅はSMAPを離れ、自らの居場所を見つけた。〝新しい地図〟——それが草彅が選んだ新たな〝ベース〟。

【草彅剛の言葉】

『ちょっと変なことを言うようだけど、もしＳＭＡＰが解散したら、後輩たちと距離が出来るような気がするんです。プライベートで関わりがあるのは長瀬くんや大倉くんだけど、彼らはこれまで通り、つるんで走ってくれるのかな』

〝ＳＭＡＰ解散〟が発表される前に、草彅剛が呟いた言葉。何も草彅がＳＭＡＰでなくなったからといって、後輩たちとの関係が終わるわけではない。後輩は一生後輩。プライベートでは一緒につるんで走る〝仲間〟であることに違いはないのだから。

【草彅剛の言葉】

『どんなに小さなきっかけでも、
そこからいつか大きな夢が花開くことがある。
人生は何が待ってるかわからないんだから、絶対に諦めちゃダメ。
諦めない限り、夢を叶える資格がある』

まだ中学生だった当時の自分を思い出して、振り返った草彅剛。今も鮮明に思い出すのは、ドラマ初出演時に〝何も出来ない、手も足も出ない情けない自分〟――しかしそんな苦い経験がその後の草彅を作ったのだ。諦めさえしなければ、いつか大きな夢が花開くことがあるのだから。

【草彅剛の言葉】

『不器用だからこそ恐れずに正面からぶつかれるし、
不器用だからこそ自分が出来ないことや課題を
〝まだ通過点。上手くいかなくて当たり前〟だと思える。
そうすれば多少の失敗でも落ち込むことはないから』

周囲からの高い評価に対し、「不器用だからこそやって来れた」と言う草彅剛。
この気持ちこそ、自分を成長させてくれる重要な鍵なのかもしれない。

【草彅剛の言葉】

『僕もこれからは、どん底で笑える人間になりたい。
きっとそれは〝人間力〟を試される試練だから』

困難な状況にある時こそ、その人の〝人間力〟が試される時。草彅剛は
SMAP解散という大きな試練を乗り越えて、新しい道を歩き始めている。

【草彅剛の言葉】

『成功するまで続ければ、どんなことだって成功する』

言葉で言うのは簡単だが、成功するまで続けることは決して容易ではない。そこには〝成功するまで続けられる〟強い意志、そして心折れない〝信念〟が存在しているのだ。草彅剛は今、強い意志と信念を心に秘めて新たな一歩を踏み出した。

【草彅剛の言葉】

『実は〝悩み〟があるほうが、
人間は〝楽しく生きられるんじゃないのかな〟って気になる。
だって悩みがあるから解決したくなるし、
解決したら超スッキリして楽しいんだもん』

タモリから教えられた言葉、「自分ではもがき苦しむほど深刻な悩みでも、赤の他人が見たら笑い話のネタになることもある」——をヒントに、草彅剛が辿り着いた境地。ネガティブな気持ちをポジティブに変えれば人生は楽しく生きられる。

【草彅剛の言葉】

『自分が何かを生み出せば、
それに相応しい評価が勝手について来る。
やる前から評価を気にするのはやめよう』

２００９年４月の公然わいせつ罪容疑での拘留、釈放から仕事に復帰した草彅剛が、それ以降、心の芯に据えている気持ち。前向きにチャレンジする気持ち、その強い意志がある限り、草彅の前に道は拓けるはずだ。

【草彅剛の言葉】

『自分の弱さや欠点、臆病な気持ちや怠ける気持ちとかですけど、
そういう物にしっかりと向き合うことが出来た。
そして目の前のライバルじゃなく、
自分の内面に〝勝ちたい〟と本気で思えたんです』

SMAP独立騒動の最中、ドラマ『スペシャリスト』の現場で語った草彅剛の言葉。目の前のライバルではなく、〝自分の内面に勝ちたい〟と自分自身に向き合っていくことが出来れば、たとえこの先何が待っていようと、草彅は決してブレることなく前を向いて進んでいけるはずだ。

【草彅剛の言葉】

『なぜか不思議と、優しい言葉は心に残ってる。
正確には覚えてなくても、
〝いつか優しい言葉をかけてくれた人だ〟とは覚えてる』

魑魅魍魎が蠢く芸能界で、草彅剛が相手を信用する、信頼する条件とは、自分に対する〝優しい言葉〟だった。厳しい競争社会を勝ち抜いて来た源泉の一つは、自分を認めてくれた人たちにかけられた、そうした優しい言葉だったのだろう。

【草彅剛の言葉】

『物事は単純明快に結論を出すのが一番！
難しく考えれば考えるほど、行動に移せなくなっちゃう』

一歩目を踏み出す勇気が出ない時ほど、物事を単純明快に考えてみる。要は難しく考えずに〝イエスかノーか〟〝やるか、やらないか〟二者択一の選択。最初の一歩目を踏み出す勇気を持つために必要な考え方。草彅剛は勇気を持って新たな道へ踏み出した——。

第5章

香取慎吾の描く地図

香取と中居の間に出来た〝溝〟

「慎吾くんは吾郎ちゃん、剛くんについて、こんな風に話していました。『SMAP時代と関係性が変わったというよりも、お互いに興味の対象になった感じですね』――と。その興味の対象というのは、『たとえばつき合いたてのカップルみたいに、それぞれの趣味や嗜好、生活サイクル、毎週録画する連ドラとか、そういうのを教え合ったりしています』――と笑っていました。ちなみに関係性のほうは、『30代になってからはずっと仕事仲間。40代になってもそれは同じ』らしいです。慎吾くんのセリフだからこそ、深読みせずストレートに受け取りたいですね」

香取慎吾のレギュラー番組『おじゃMAP!!』制作プロデューサー氏は、2017年9月に開設した〝新しい地図〟について、

「具体的に公式サイトを立ち上げるかどうかまでは知らなかったけど、かなり優秀なブレーンが続々と集結していることは、とある筋からの噂として知っていました」

――と、振り返る。

「それこそ名前は出せませんが、映像作家の世界では誰もが注目するクリエイターであったり、次々

と大きなコンペに勝っているプランナーであったり。それなりの大物が動けば、入るところには情報が入るんですよ」（制作プロデューサー氏）

言われてみれば、こちらの制作プロデューサーも、テレビ界では名の知られた人物だった。

「それに番組収録の様子を見ていたら、慎吾くんの周辺に動きがあるのかないのか、何となくわかりますからね。ジャニーズのほうもどことなく感づいていて、一時期は慎吾くんにマネージャーやスタッフが4～5人付いてましたよ。SMAPが解散してからは、現場に慎吾くん1人で入る時もあったのに」（前同）

そこはやはり、飯島女史との合流話が進んでいるのかどうか、チェックしていたのだろう。

ところで冒頭の会話とはまた別のエピソードで、制作プロデューサー氏はかなり早い段階で香取慎吾の〝ある本音〟を読み取っていた。

ここからは改めて、もう少し突っ込んだ話を披露してもらうとしよう。

「SMAPの解散が発表されたのは、毎年の契約更新が行われる9月の前月、2016年の8月のことでした。その段階では翌月に行われる契約更新がそれぞれ〝ソロアーティスト〟として行われることしか話題になりませんでしたが、実は中居くんが主導し、〝そこで契約を終わらせる〟話に持っていくはずだったそうです」（制作プロデューサー氏）

今さらではあるが、それはまったく知られていなかった情報だ。去年（2016年）8月の段階では、木村以外の4人が1年後に独立する規定路線しか見えていなかったのだから。

しかしその〝契約終了〟の一件が上手く運ばなかったことは、同時に中居から〝リーダーシップ〟を奪うことになり、香取は稲垣吾郎、草彅剛との連携を深めたのだ。

「世間では様々な噂や情報が流布されましたが、僕ら現場レベルではメンバーはもう解散しているのと同じ状態だったのです。中居くんは何とかみんなをなだめようとしていましたが、即時独立に失敗した遺恨は残ったまま。中居くんは周囲に〝中居くんじゃなく、誰が計画しても失敗したよ〟と慰められ、連日のように深酒していましたね」（前同）

香取が中居に誘われて、熊本地震のボランティアに志願していたことから、我々はそちらの関係は一枚岩だと勘違いさせられていたわけだ。中居のジャニーズ事務所残留が発覚するまでの間。

「慎吾くんは中居くんや木村くんに関し、良い話だろうが悪い話だろうが一切口を開きません。それなのに吾郎ちゃん、剛くんとは頻繁に会っている様子だったので、これは3人が一緒に事務所を作るか、あるいは全員がバラバラに独立するか、どちらかしかないかな……と」（前同）

香取と中居が〝袂を分かつ〟となれば、何もなくても、当然痛くない腹も探られる。それが原因で稲垣や草彅に悪影響を及ぼすようなことはあってはならない。しばらくは中居とも、平穏無事にやり過ごすしかなかったのだろう。

それはつまり、何も語らないと言うことで。

「当時、慎吾くんが中居くんに対して何を思っていたのか？ ――今となってはもうどうでも良い話でしょう。それよりも僕は、慎吾くんがまた他人を信じられる、他人に興味を持てるようになったのが嬉しいですね」（前同）

それは制作プロデューサー氏が香取から聞き出した、これらの言葉――。

『関係性が変わったというよりも、お互いに興味の対象になった感じですね。たとえばつき合いたてのカップルみたいに、それぞれの趣味や嗜好、生活サイクル、毎週録画する連ドラとか、そういうのを教え合ったりしています』

3人は前を向くしかない。

後ろを振り返る暇など、今の彼らには与えられていないのだから。

様々な噂に対する香取の〝ホンネ〟

かつて全盛期のSMAPには、1年間で休みは3日間。その3日間の休みをどこで取るかは、メンバーにとっては大きな課題になっていたという。

「主にテレビを中心に活躍する歌手の場合、基本的には正月3が日、あるいは2日から4日までの3日間が、3連休候補の大本命でしょうね。正月にも生放送される恒例の演芸番組以外は、テレビ局が動いてませんから」(フジテレビプロデューサー)

ジャニーズ事務所のトップアイドルの場合、東京ドームや京セラドーム大阪、あるいは横浜アリーナ等で新年コンサートを行うケースも多いが、かつてSMAPのドームツアーは3が日に組み込まれてはいなかった。まあ今年からは、Abema TVで『謹賀新年72時間ホンネテレビ』でも行わない限り、3人は〝鋭気を養う正月休み〟を過ごせるのではないだろうか——と、さてなぜ私がここまで正月休み、または連休にこだわるのかというと、実は香取慎吾は2017年、およそ30年に及ぶ芸能活動において、この年ほど〝海外に行きまくった〟年がなかったからだ。

「2016年12月に『SMAP×SMAP』が終了。その時点で慎吾くんの〝海外旅行スケジュール〟に影響を及ぼすレギュラー番組は、テレビ朝日の『ＳｍａＳＴＡＴＩＯＮ!!』だけでした。生放送なので、たとえどんなに遅くても、番組が始まる時間までには六本木のテレビ朝日にいなければなりませんからね」

話してくれたのは、その『ＳｍａＳＴＡＴＩＯＮ!!』元スタッフ氏だった。

「ただしウチは週末夜の生放送編成だったので、現地時間で生放送されるスポーツイベントが入ると、番組休止になることも何回かありました。香取くんには『**オンエアのスケジュールは出来るだけ早目に教えて欲しい**』——とお願いされていたので、昨年のうちから1年間のスケジュールを把握していました。もっとも、〝番組が６９９回で終了になる〟ことまでは、去年のうちからは知らなかったと思いますけど」（元スタッフ氏）

残るレギュラー番組、テレビの『おじゃＭＡＰ!!』にせよ、草彅とのラジオ番組にせよ、収録番組のスケジュールはいかようにも動かせる。

香取は今年、ニューヨーク、パリ、ヴェネチア、ムラーノ島、オアフ島などを積極的に訪れていた。

「意外と言ったら失礼ですが、ああ見えて義理堅い香取くんは、必ず番組スタッフに土産を買って来てくれるんですよ。あの香取くんが僕らのために土産を選んでくれたのかと思うと、いつも胸が熱くなるほど嬉しかったですね」（前同）

ニューヨークやパリではアーティストとして芸術作品に触れ、ヴェネチアやムラーノ島ではヴェネチアングラスを使ったシャンデリアを購入。

しかし、こうした自由な海外旅行から戻ってみると、自分に関する根も葉もない噂が世間を賑わしたりしている。

「香取くんは海外でも堂々と行動しているので、日本人観光客がSNSに大袈裟な目撃情報を上げたりするんです。それがアンチジャニーズの女性誌、あるいはジャニーズに忖度する女性誌などに留学説や引退説を書き立てられる。一時期、かなり具体的に〝引退してパリに絵画留学〟と書かれた時は、香取くん本人**『ここまで具体的に挙げるなら、この通りにしてやろうかな』**――などと真顔で言っていたので、ちょっとヒヤッとしてしまいましたよ」(前同)

香取自身は『SmaSTATION‼』のスタッフに――

『否定するのも面倒くさいでしょ』

――と、よく溢していたらしい。

「そういう香取くんの様子をずっと見て来たので、いつだったか『おじゃMAP‼』で否定していた時は、当たり前だとわかっていてもホッとしました。まあ、僕らがホッとしたなんて言うと、〝今まで何年、俺のこと見て来たの？〟——などと、寂しい顔をされてしまいそうですけどね」（前同）

今でも『SmaSTATION!!』のスタッフとは交流があるという香取慎吾。

彼にとって『スマステ』がどれほどの存在だったのかは、引き続き次の項に記させて頂くとしよう——。

『SmaSTATION!!』最終回に込めた香取の想い

香取慎吾が一人のMCとして16年間、699回に渡って生放送を続けて来た『SmaSTATION!!』は、皮肉にも彼が〝新しい地図〟を描き始めた翌日の2017年9月23日、最終回を迎えることになってしまった。

「奇遇と言えば本当に奇遇ですよね。僕らもまさか、最終回の前日に香取くんの次のステップが発表されるとは思いませんでした」

ここで再び、『SmaSTATION!!』元スタッフ氏にご登場願おう。

「今だから明かせますけど、香取くんと15年間タッグを組んだウチの大下（容子アナウンサー）は、番組が終わった瞬間から朝まで泣き通しでした。『SmaSTATION!!』が始まった時、香取くんは24才で、正直なところMCの経験が豊富だったわけではない。そんな彼を支え、テレビ朝日の長寿看板番組の一つに育てたのは、間違いなく彼女の功績。だから香取くんも、大下を大切にしてくれるのです」（元スタッフ氏）

そういえば番組スタート当初、香取の横に座っていたのは大下アナではなく、小宮悦子キャスターだった。

「とにかく2人は『ＳｍａＳＴＡＴＩＯＮ!!』が大好きで、それはまったく疑う余地がありません。大下は平日の昼間は『ワイドスクランブル』のＭＣを務めていますが、あの番組がＳＭＡＰ解散がらみの内容を報じた時、大下は香取くんの心情を慮りながらの立ち位置を通し、ＳＭＡＰファンからたくさんのファンレターが届いていました」（前同）

香取が最終回、生放送でも安心して思いの丈を吐露することが出来たのは、隣に〝最高にして最大の味方〟大下アナウンサーがいてくれたからだ。

何かあれば必ず、彼女が助けてくれる——。

『『ＳｍａＳＴＡＴＩＯＮ!!』が終了というのが新聞に載ったっていう話を聞いて、〝えっ？ 終わっちゃうの⁉〟って思っていたんですけど、その後、8月12日にプロデューサーから〝終わります〟って聞いて、『本当に終わるんですね』……ってことで。それからの6回、7回、あっという間でしたね。あっという間に今日を迎えちゃって。残念ですよ。とっても残念で、ずっと続けたかったたし、視聴者の皆さんにもそうだし、スタッフの皆さん、大下さんに。どこかというか、新しい道を選んで、新しい道を進もうと思ったことによって、みんなでどこまでも続けたいと思っていたスマステが終わってしまうことに、皆さんに僕は申し訳ないなという想いですね』

（『ＳｍａＳＴＡＴＩＯＮ‼』最終回　香取慎吾の独白）

さて、香取は自身のジャニーズ事務所退所に伴う『ＳｍａＳＴＡＴＩＯＮ‼』終了を新聞報道等で知ったとしているが、この発言が一悶着を生んだこと、皆さんは覚えていらっしゃるだろうか。

「テレビ界の常識で言えば、これほどの長寿番組の打ち切りを、ＭＣが新聞報道で知ることはあり得ません。さらに〝新しい地図〟公式サイト開設をあえて前日にぶつけて来た感があり、宣戦布告とは言いませんが、〝ジャニーズとの決別のメッセージ〟と受け取るのが妥当ですね」（民放テレビプロデューサー）

そう、９月22日が大安吉日であれば、そこに公式サイトの開設を合わせたと聞かされれば納得する。しかし実際には22日は〝仏滅〟で、近い日取りでいえば9月19日と23日が〝大安〟だったのだ。

「一般の方は不思議に感じるでしょうが、芸能界の〝大安信仰〟は根強いというよりも〝マスト案件〟に近い。しかも22日は仏滅、結婚式やお宮参りのような慶事はもちろん、開店、移転、新規に事業を起こすことなどは避けられる日ですから、３人が心機一転スタートを切る公式サイトの開設には相応しくありません。ならば考えられるのは一つ、香取くんの大切な『ＳｍａＳＴＡＴＩＯ

N‼』が奪われる前の日に、自分たちの強い決意を示す。〝もう悔しい思いはしたくない！〟――とでも宣言するかのような、香取くんの意地ではないでしょうか」（前出・民放テレビプロデューサー）

香取慎吾の生放送での独白、しゃべり言葉だけでは見逃されがちだが――

『新しい道を選んで、新しい道を進もうと思ったことによって、みんなでどこまでも続けたいと思っていたスマステが終わってしまうことに、皆さんに僕は申し訳ないなという想いですね』

――の部分に、すべての真実と想いが込められていたのだ。

『仮装大賞』降板騒動

テレビ朝日系『SmaSTATION!!』の終了が――

〝ジャニーズ事務所退所に伴う番組打ち切り〟

――だと独白した香取慎吾。

だが他方では、逆にジャニーズ事務所からの横槍、さらに意向を勝手に忖度する放送局の思惑を――

『慎吾を使わないなら僕も出ないよ』

――と突っぱねてくれた、有り難いメインMCとの番組がある。

皆さんならばすぐに想像がつくだろうが、それは欽ちゃんこと萩本欽一と、彼のライフワークとも言える番組『欽ちゃん&香取慎吾の全日本仮装大賞』だ。

「実はこの話には前段があって、それが今年の夏に勃発した〝香取くんの降板騒動〟だったんです」

2017年『24時間テレビ 愛は地球を救う40』を担当した日本テレビ制作部スタッフ氏は、

「今年はメインパーソナリティの選定からグチャグチャだったので、『仮装大賞』にも迷惑をかけてしまった」

——と、素直に頭を垂れた。

「史上初、日本テレビでキャスターを務める櫻井翔くん、亀梨和也くん、小山慶一郎くんの3人が、グループの枠を越えてメインパーソナリティを務めた『24時間テレビ』。今回は1日限りのスペシャル企画で、障害を持つ出場者による大会を行なったのです」（制作部スタッフ氏）

1日限りのスペシャル企画とはいえ、仮装大賞は仮装大賞。

だがそこには、メインMCとして萩本欽一の姿しかなかったのだ。

香取が番組に参加し始めたのは、2002年1月1日に放送された第65回大会から。間もなく16年を迎えようとしている『仮装大賞』だが、2017年の『24時間テレビ』内でオンエアされた1日限りの特別企画には、香取の姿は影も形もなかった。

「この『24時間テレビ』が終わって一週間もすれば、香取くんはジャニーズ事務所の人間ではなくなる。〝だから香取を出さないで欲しい〟ではなく〝だから香取を出して欲しい〟であれば、ここまでジャニーズ批判も高まらなかったのですが……」（前同）

ジャニーズとしては、メインパーソナリティ3人のうちの誰かが香取に変わって活躍すれば、

2018年の大会からはそのメンバーを萩本欽一の隣に押し込める。
〝そもそもはウチが獲って来た仕事なのだから、香取の後釜はウチが決める〟……ぐらいの気持ちだったのだろうか。

『今、年に1回でも萩本欽一さんと仕事が出来る幸せは、ワガママだとは思うけど繋げていきたい』

――SMAP解散発表後、「いつまでやれるかな……」と不安げに語っていた香取。
その想いを萩本も受け取り、香取との共演継続を心から望んだのだ。

『僕もいつまでも元気でいられるとは限らないから、慎吾ちゃん、それから草彅剛くんの2人を後継者に指名しなきゃいけないな』

――かつて笑顔でそう語っていた萩本。
〝新しい地図〟を描き始めた香取にとって、萩本欽一とMC共演する『欽ちゃん&香取慎吾の全日本仮装大賞』は、これからも大きな力になってくれることだろう。

〝いつかはする〟結婚願望

11月26日（日）にオンエアされたフジテレビ系『ボクらの時代』に、親友の山本耕史から招かれて出演した香取慎吾と天野ひろゆき。

日曜日の朝、良質なトーク番組を見ながら感じたのは、香取はこの２人の前では何も飾らず、無防備とも思えるほど素顔で接するのだな～ということだ。

「僕は芸能人の〝親友設定〟が嫌いで、かつてトーク番組の構成をやっていた時、あるタレントがお互いに親友と称する役者さんと〝カメラが回っていないと一言もしゃべらない〟なんてシーンを、それこそ毎週のように見せつけられていました。特に結婚する前は男女問わず〝親友だらけ〟だった山本耕史くんと、こちらも結婚する前は〝ホームパーティの鬼〟と呼ばれた天野くんですからね。親友として香取くんの内面にどこまで迫れるのか、楽しみというよりも〝見物〟です」

フジテレビを中心に活躍する放送作家氏は、11月26日の『ボクらの時代』に香取慎吾の出演がアナウンスされた夜、私に電話をかけて来てこう語った。

確かに彼の言う通り、往々にして芸能界の親友は〝設定〟が多い。それは芸能人同士が親しくなる理由の大半が番組共演や舞台共演などで、現場に滞留する独特の親密感が、お互いの〝粗〟を隠したまま距離を詰めてくれるからだ。

またすごく強引に言ってしまうと、濃厚なラブシーンを演じた役者同士は、ほとんどがプライベートのつき合いに発展しているのも良い例だ。

「まあ、それは親友設定の話からはかなり飛躍してしまいますけど、〝そう簡単に親友が出来ちゃってもいいの？〟……とはいつも思います。特に香取くんは、友だちすら作らないタイプでしょ？」

（放送作家氏）

実は本書の中で1ヶ所だけ、皆さんが「あれっ⁉」と首を捻られたのではないか……と、心配している箇所がある。

それは香取慎吾の言葉の中で、草彅剛を〝仕事仲間〟で片付けているところだ。

『30代になってからはずっと仕事仲間。40代になってもそれは同じ』

――香取は草彅との関係性をそう語った。

ＳＭＡＰ時代からこれまで、おそらくは彼らを取り巻くほとんどの人は、2人を〝親友〟だとこれっぽっちも疑っていないだろう。しかし香取自身は〝仕事仲間〟と答えたのだ。

「そのエピソードは僕も知っていますが、10代から40代までを共に過ごす中で、10代、20代の頃は無邪気に遊べても、30代からはお互いを取り巻く交遊関係が変わってしまい、急に遊ばなくなるのはよくある話です。また40代で共通の趣味を見つけて親密になることもありますしね。もちろん香取くんにとって草彅くんは今も大切な〝友〟であり〝仲間〟であることは間違いありませんが、おそらく香取くんは、**〝10代の頃の友だちだからといって、一生のつき合いを求められても困る〟**――みたいな、そんな考え方をしているように見えます。それが香取くんの中にある正直な想いなのでしょう」（前同）

さて話を『ボクらの時代』に戻すが、番組では山本からの――

『結婚願望は？』

――に、

『しないわけじゃない。いつかはすると思う』

――と答えた香取。

果たしてそれは本気なのか。

「〝新しい地図〟を立ち上げたばかりで、しかも3人しかいないメンバーの1人が結婚をしたら、バランスが悪くなるのは事実。SMAP時代、5分の1ずつで良かった負担を3分の1ずつに増やすだけでも大変なのに、〝相手を見つけたから結婚しま～す〟はない。〝新しい地図〟は3人の仕事の幅を広げてくれた一方、こと恋愛や結婚に関しては、極端に視界を狭めたと思いますよ」(前同)

だとすれば、香取が山本の質問に答えて言った──

『いつかはすると思う』

──の〝いつか〟は、いつになるのだろう。

それもまた〝新しい地図〟が今後どのように歩んでいくのかにかかっているのかもしれない。

そして誰が何と言おうと、山本耕史と天野ひろゆきは香取慎吾にとっての親友、いや〝大親友〟であることも書き記しておこう──。

香取慎吾の優しさの源流

〝すべてに感謝を忘れない〟

香取慎吾はシャイである。人見知りの一面ももちろんあるが、香取のシャイは対人関係というよりも、〝自分の感情をどう表現するか〟——どうもそちら側に片寄っているように思えてならない。それは香取慎吾が人の痛み——しかも自分に親しければ親しいほど——を強く感じてしまうところにある。

稲垣吾郎が泣いていれば、香取慎吾の心も泣いている。

草彅剛が叫んでいれば、香取慎吾の心も叫んでいる。

人の痛みがわかる人間は、その痛みも共有してしまいがちなのである。

「〝慎吾ちゃんは優しいから〟……と言ってしまえばそれだけの話で、そこで納得してしまうような人は、永遠に彼の優しさの〝本質〟には気づけない。それだけは間違いないと思いますよ」

香取慎吾とはプライベートで「韓国や沖縄に行ったことがあります」と言う彼は、香取とは知り合ってから20年ぐらいのつき合いだという放送作家氏だ。

「僕は独身で身軽なので、急に思い立った旅行につき合えるだけです。もの凄く信頼されているとか、そういう理由で誘われているのではありませんよ」

ご本人はそう言うが、実際、香取が彼に信頼を寄せているのは仲間内では有名な話。

そんな彼だからこそ、〝香取の優しさの源流は何なのか〟——納得のいく答えを用意してくれるはずだ。

「一緒に飲んでいると、慎吾ちゃんはふいに『**誰々に連絡しなきゃ**』——と言い出すことがよくあります。その相手は草彅くんだったり、耕史くんだったり、いつも決まった相手ではありません。そして必ず『**今ちょっと、精神的にダメージを負ってるように感じた**』——など、一歩間違えたらオカルトみたいなセリフを続けるんですよ」（放送作家氏）

一歩間違えずとも、十分にオカルトチックに感じるが……。

「それがその時、本当に相手が辛い時もあれば、〝慎吾、何言ってんだ?〟と相手にされないこともあります。でもみんな、基本的に慎吾ちゃんから連絡があると嬉しいから、元気になる。不思議なパワーを持った人だと思いますよ」（前同）

つい最近、『おじゃＭＡＰ!!』での極楽とんぼ・加藤浩次とのエピソードも、放送作家氏はハッキリと覚えているらしい。

「あれは後から慎吾ちゃんに『**２～３日前に加藤さんに連絡したら、やっぱり落ち込んでたんだよね**』――と聞きました。その時も、まるで自分のことのように慎吾ちゃんも落ち込んでいて。僕と話しているうちに徐々に元気になると、『**よし！ 加藤さんに連絡しよう!!**』――と、また外に電話をかけに行っちゃいました」

皆さんも『おじゃＭＡＰ!!』をご覧になっただろうが、香取サイドから見た当時の様子は、放送作家氏に尋ねたほうが早そうだ。

「『**加藤さんは今絶対に辛いから**』――って何度も何度も繰り返している慎吾ちゃんに、僕もたまらず〝何でそこまで出来るの!?〟と尋ねてみたら、いつものケロっとした顔で『〝**そこまで**〟って、電話しただけじゃん』――と。そこで思いましたね。〝この人には敵わない〟って」

しかしそこには、20年来のつき合いの放送作家氏にしか見えない、彼だからこそ見える香取慎吾の〝優しさの源流〟があるはずだ。

そう言って粘る私に彼が返してくれたのは、まったく予想もしていなかったフレーズだった。

「彼が絶対にブレないところは、常に〝**すべてに感謝を忘れない**〟気持ちで生きているところ。だからどんな相手、どんな出来事に対しても、まず〝**懸命に理解しようとする**〟ところから始める。言葉で言うのは簡単だけど、僕は慎吾ちゃん以外に、そんな生き方が出来る人を知りません」

新たな道を歩み始めた香取慎吾は、共に歩みを進める稲垣吾郎、草彅剛はもちろん、自分と交わるすべての人々への感謝を忘れず、この先の道を歩み続けていくことだろう。

そして、すべての相手を、すべての出来事を、懸命に理解しようとする香取慎吾が描く〝新しい地図〟は、きっと素晴らしい世界を描いてくれるに違いない――。

香取慎吾の言葉

【香取慎吾の言葉】

『結成から28年、デビューから25年。
何かを残せたのかというと、
数字に出来るものには強かったんじゃない？ SMAPは。
でも振り返ってみると、
ちゃんと自分たちの後ろに道が出来ていて、
そこを後輩たちが歩いて来ているのが嬉しい』

SMAPがジャニーズ事務所の一《いち》タレントとして残した実績。それはCDやDVD、関連商品などのセールスではなく、アイドルがバラエティ界とドラマ界を席巻し、さらには後輩たちを導いたことに他ならない。そして今、香取は再び新たな道を切り拓いていく。

【香取慎吾の言葉】

『結果を恐れて変われないいんじゃなく、
あえて変わらないことが大切な時もある』

番組スタートから15周年を迎えた当時の『ＳｍａＳＴＡＴＩＯＮ‼』について語った香取慎吾。「マンネリは決して悪いことではなく、時としてそれは大切なこともある」——という香取の言葉には、『スマステ』に対する自信と誇りが感じられる。

【香取慎吾の言葉】

『言い訳をすればするほど自分のことが嫌いになる。言い訳しなきゃいけない自分の人生が嫌になる』

まさに独立騒動の真っ最中、香取慎吾が出演中のドラマ『家族ノカタチ』の現場で溢した本音。〝不器用にして繊細な〟香取慎吾の真っ直ぐな生きざま。

【香取慎吾の言葉】

『生みの親も育ての親もどちらも大切で、どちらも必要。
それじゃダメなの？』

自分たちの予期せぬ方向に勝手に発展するＳＭＡＰ独立騒動の中、香取慎吾が寂しげに呟いたセリフ。偽らざる本心。

【香取慎吾の言葉】

『いい笑顔の持ち主は、
それだけで性格もいいと思ってもらえる。
だから笑顔を絶やさないことは、
人間関係で何よりも大切なんだよね』

香取慎吾の底抜けの明るさを印象付ける〝笑顔〟。自分の進むべき道を見つけた今、香取はその笑顔で人々を幸せにしてくれるに違いない。

【香取慎吾の言葉】

『自分が今イケてるかいないかは、鏡を見てもわかんない。
だから自分の周りには、正直に答えてくれる友達しかいらない』

〝新しい地図〟という新たな居場所を見つけた香取慎吾。今彼の周りには、隠すことなく正直な想いを語り合える仲間がいてくれる。

【香取慎吾の言葉】

『発想の原点は常にシンプルで、
あとは行動しながらフレキシブルに枝葉をつけていけばいい』

世界的なサーカス団『シルク・ド・ソレイユ』から学んだ、香取慎吾のクリエイティブな発想。「最初から何でもかんでも欲張るのは、自分に自信がない証拠」だと香取は言う。

【香取慎吾の言葉】

『目の前にある道具や材料が少なくても、
それで旨い一品を作り上げなきゃいけない。
砂糖がない、塩がないって言われたら、
ある物を代用して作らなければならない。
それがプロの仕事』

制約がある中でもその範囲内で最高の仕事をするのが〝プロ〟。香取慎吾が胸に秘めるプロフェッショナルとしての〝矜持〟。

【香取慎吾の言葉】

『目標を達成したい時は、
どんな時でも〝1日1歩ずつ〟階段を上るつもりで
前に進まなきゃいけない。
焦る気持ちはわかるけど、階段の2段飛ばし、3段飛ばしは
絶対にダメ。
コツコツと積み重ねて達成した目標は、
絶対に一生身について離れないから』

香取慎吾の胸に、かれこれ25年以上刻まれている先輩からの言葉。それは香取が今までで一番印象に残っているという人生訓。

【香取慎吾の言葉】

『芸能界を辞めたいとか辞めたくないじゃなく、一度、人間関係をリセットしたいだけ』

SMAP解散が発表される少し前、香取慎吾がふと溢したセリフ。独立騒動から解散に至るまでに、香取の胸には自身の去就について様々な想いが去来していたのだろう。

【香取慎吾の言葉】

『それが才能なのか、
才能と呼んでもらえるものなのかは自分にはわからないけど、
まずは全体的なイメージを頭の中のデッカいキャンバスに描いて、
それから細かい部分を少しずつ埋めて作り上げる作業は、
それこそ絵を描く時と同じですね。
僕のやることはすべて、絵が原点になっていますから』

これは香取慎吾がコンサートの構成や演出をする時の話。その発想の源は常に〝自由〟。これからも香取は自由な発想で真っ白いキャンバスに〝新しい地図〟を描いていくだろう――。

3人の地図

エピローグ

2017年6月18日、ジャニーズ事務所から発表された3人の契約満了通達の中には、ジャニー喜多川社長からSMAPファンに向けての、こんなコメントが併記されていた――。

『昨年12月31日にSMAPの解散が決まり、私は5人がグループであっても個々であっても縁があったから今日に至ったと思い、今までと変わらずに接してきました。

このたび3名が自分たちの決意で異なる道を歩み始めますが、どこにいようとも、またどのような立場になろうとも、彼らを想う気持ちに変わりはありません。

長年にわたって頑張ってきてくれた3人ですので、これからもたくさんの人々に感動と幸せを届けてくれることと確信しています。

また、SMAP（SPORTS MUSIC ASSEMBLE PEOPLE）の名前は、5人を応援してきてくださったファンの皆さまのための名前として、

（S）すばらしい（M）MEMORIES（A）ありがとう（P）POWER

と表現しました。これからもSMAPはファンの皆さまの心だけではなく、私の心にも永遠に刻み続ける素晴らしい5人です。

ジャニー喜多川』

ジャニーズ事務所の総意や方針など如何を問わず、ジャニー喜多川社長本人は独立した3人の将来、未来を邪魔したり、横槍を入れるようなことはしない。

何故ならば3人、いやSMAPは、いつまで経っても彼が世に送り出した〝子供たち〟だからである。

本書にあるように、3人は単なる感情論だけで退所の道を選んだわけではない。

稲垣吾郎、草彅剛、香取慎吾、それぞれにはそれぞれの正当な理由があり、それぞれの正義を貫いてのことだった。

「仮に独立をそそのかす、どのような甘言を受けようとも、ジャニーズ事務所に28年も所属していた人間が、〝独立したらどうなるか？〟を想像出来ないわけがありません。そのリスクを丸ごと引き受ける3人の〝覚悟〟を、僕らのような人間が尊重し、微力ながら支えてこそのTVマンだと言える。上層部の忖度などクソくらえですよ！」（フジテレビ20代局員）

そう、3人の行動は、すでに次代を担う若きTVマンに影響を与えている。

独立した者に制裁を科す芸能界の古き悪習は、彼らのような次世代TVマンが取り払ってくれるだろう。


稲垣吾郎、草彅剛、香取慎吾——3人の未来は明るい。

そして、真っ白なキャンバスにどのような地図を描いてくれるのか。

誰もが楽しみでならないに違いない——。

3人の地図

〔著者プロフィール〕
永尾愛幸（ながお・よしゆき）
民放キー局のテレビマンを退職し、早稲田大学の社会人聴講生となる。心理学者、社会学者の肩書を併せ持ち、現在は芸能ライターとして活躍中。テレビマン時代のコネクションを活かし、彼にしか取れない豊富なネタを持つ。本書では、彼の持つネットワークを通じ、稲垣吾郎、草彅剛、香取慎吾と交流のある現場スタッフを中心に取材を敢行。３人が語った生の言葉と、周辺スタッフから見た彼らの"素顔"を紹介している。
主な著書に、『SMAP ～25年目の真実～』『SMAP ～それぞれの想い～』（以上、太陽出版）がある。

３人の地図
稲垣吾郎×草彅剛×香取慎吾

2017年12月24日　第１刷発行

著　者…………… 永尾愛幸
発行者…………… 籠宮良治
発行所…………… 太陽出版
東京都文京区本郷4－1－14　〒113-0033
電話03-3814-0471／FAX03-3814-2366
http://www.taiyoshuppan.net/

デザイン・装丁… 宮島和幸（ケイエム・ファクトリー）
印刷・製本……… 株式会社シナノパブリッシングプレス

ISBN978-4-88469-925-3

◆ 永尾愛幸・著書紹介 ◆

SMAP
〜25年目の真実〜

永尾愛幸［著］ ¥1,300円+税

2016年12月31日——
日本の芸能界で、誰よりも輝いたスーパーグループが姿を消した。
SMAP解散——その裏側で一体何が起きていたのか
隠された真実、語られない彼ら5人の想いとは——

『俺らにとって一番大切なのは、
ファンにとっての１番であり続けることだから』〈中居正広〉

——彼ら自身が語った言葉と“真の想い”を独占収録!!

◆中居正広——
『心配かけて、先に伝えなきゃいけない人には連絡しただけ。
みんな、SMAP のファミリーだと思ってるから』

◆木村拓哉——
『俺が何か反論すれば、その何倍ものブーメランが返って来るじゃん』

◆稲垣吾郎——
『悔いが残らないと言えば嘘になるよね。結局、僕らは彼に一度だけでも“戻る場所”を用意してあげることが出来なかったんだから』

◆草彅剛——
『これからは何があっても、僕が慎吾を守るから !!』

◆香取慎吾——
『芸能界を辞めたいとか辞めたくないじゃなく、一度、人間関係をリセットしたいだけ』

太陽出版
〒113-0033
東京都文京区本郷 4-1-14
TEL 03-3814-0471
FAX 03-3814-2366
http://www.taiyoshuppan.net/

◎お申し込みは……
お近くの書店にお申し込み下さい。
直送をご希望の場合は、直接小社宛にお申し込み下さい。
ＦＡＸまたはホームページでもお受けします。